Annie Besant
Der geistige Pfad

Annie Besant

DER GEISTIGE PFAD

◯ EDITION ADYAR

Titel der englischen Originalausgabe:
The Path of Discipleship

Deutsche Übersetzung: Dr. Norbert Lauppert

© 2013 Aquamarin Verlag GmbH
Voglherd 1 • D-85567 Grafing
www.aquamarin-verlag.de

Umschlaggestaltung: Annette Wagner

ISBN 978-3-89427-638-6

Druck: Ebner & Spiegel · Ulm

INHALT

1. Die ersten Schritte....................................9
   Karma-Yoga: Reinigung...........................9

2. Voraussetzungen für
   den geistigen Pfad.................................49
   Beherrschung des Denkens
   – Meditation – Charakterbildung 49

3. Das Leben des Jüngers...........................91
   Der Probepfad 91
   Die fünf Einweihungen 110
   Die erste Einweihung............................113
   Die zweite Einweihung..........................122
   Die dritte Einweihung 126
   Die vierte Einweihung........................... 130
   Die fünfte Einweihung..........................133

4. Die zukünftige Entwicklung
   der Menschheit 137

Den Inhalt dieses Buches bilden vier am Hauptsitz der Theosophischen Gesellschaft in Adyar (Indien) gehaltene Vorträge. Der Inhalt der ersten drei Vorträge ist der Pfad esoterischer Schülerschaft, seine Vorbereitung und der Weg durch die Einweihungen bis zur geistigen Meisterschaft. Annie Besant stützt sich darin einerseits auf die Lehren des Vedanta-Systems und andererseits auf die buddhistische Lehre von den zehn Fesseln, die der Strebende abwerfen muss, um Befreiung zu erlangen. Der vierte Vortrag, ein Ausblick auf die künftige Entwicklung der gesamten Menschheit bis zu ihrer Vollendung, stellt die persönlichen Auffassungen Annie Besants über dieses Thema dar. Für die vorliegende Ausgabe in Buchform wurde der Text der Vorträge etwas gestrafft.

1.

DIE ERSTEN SCHRITTE

KARMA-YOGA: REINIGUNG

Wenn wir von der gewaltigen Entwicklung des Kosmos als einem Ganzen hören oder von der langen Entwicklung des Selbst im Menschen bis zu seiner Wiedervereinigung mit dem Einen, erhebt sich oft die Frage: Welche Bedeutung hat das alles für den Einzelnen, der von den Notwendigkeiten des Alltagslebens umgeben ist, von den Tätigkeiten in der Erscheinungswelt, die ihn ständig von dem Gedanken an das eine Selbst abziehen, und der von seinem Karma gezwungen wird, sich an diesen vielfältigen Tätigkeiten zu beteiligen? Wie können Menschen, die in der Welt leben, sich so weit erheben, dass das höhere Leben auch für sie möglich wird?

Dies ist unser Thema. Ich möchte Ihnen zeigen, wie ein Mensch, der von Familienpflichten und gesellschaftlichen Anforderungen umgeben ist, der inmitten der vielfältigen Tätigkeiten des weltlichen Lebens lebt, dennoch die ersten Schritte auf dem Pfad tun kann, der ihn zur Vereinigung mit dem Einen führt. Ich werde versuchen, die Stufen dieses Pfades aufzuzeigen, so dass Sie, von dem Punkt aus beginnend, auf dem wohl die meisten von uns stehen, das Ziel erkennen, das zu erreichen ist, und den Weg, der gegangen werden muss.

Um unser Thema richtig zu begreifen, wollen wir zuerst einen kurzen Blick auf die Gesamtentwicklung des Kosmos werfen, auf ihren Sinn und ihr Ziel, damit wir dadurch, dass wir das Ganze, wenn auch nur in einem allgemeinen Überblick, erfassen, das Verhältnis der einzelnen Stufen zueinander verstehen lernen, die wir Schritt für Schritt betreten sollen.

Wir sind dessen gewahr, dass das Eine zu den Vielen geworden ist. Zurück in das erste Dunkel blickend, das alles umhüllte, scheint aus diesem Dunkel ein Flüstern zu ertönen: »Ich will mich vervielfältigen.« Diese Vervielfältigung ist der Aufbau des Weltalls und aller Wesen, die in ihm leben. In diesem Willen »des Einen, das ohne ein Zweites ist«, zur Vervielfältigung erkennen wir sozusagen den Urkeim des Kosmos. Wenn wir uns diesen Anfang des Weltalls vergegenwärtigen und die Mannigfaltigkeit, die aus der ursprünglichen Einheit entstanden ist, dann werden wir auch begreifen, dass in jeder einzelnen der Gestaltungen der Erscheinungswelt Unvollkommenheit sein muss und gerade die Begrenzung, welche die einzelne Erscheinung möglich macht, ihr das unvermeidliche Kennzeichen verleiht, dass sie geringer ist als das Eine und darum schon an sich unvollkommen.

Es wird uns auch verständlich, weshalb es diese ungeheure Mannigfaltigkeit gesonderter lebender Wesen und Dinge geben muss, und dass die Vollkommenheit des geoffenbarten Weltalls in eben dieser Vielfältigkeit liegt. Es bedarf einer unendlichen Vielfältigkeit, damit das Eine, das einer mächtigen Sonne gleicht, seine Lichtstrahlen überallhin aussenden kann, und in der Gesamtheit all dieser Strahlen liegt die Vollkommenheit der Durchlichtung der Welt. Je zahlreicher, wunderbarer und verschiedenartiger die Dinge sind, desto klarer spiegelt das Weltall, wenn auch noch unvollkommen, das Eine wider, aus dem es hervorgegangen ist.

Das erste Streben in dem sich entwickelnden Leben muss das Erzeugen der Vielen sein, das Hervorbringen scheinbar getrennter Wesenheiten, weshalb sie, von außen gesehen, viele zu sein scheinen, obwohl wir, wenn wir ihr Wesen betrachten, erkennen, dass das Selbst in allen das Eine ist. In dem Vorgang der vielfältigen Individualisierung gelangt jedes einzelne Wesen als schwacher und beschränkter Abglanz des Einen zur Manifestation.

Weshalb aber müssen diese vielen Einzelwesen entwickelt werden, und warum ist diese Getrenntheit ein notwendiger Bestandteil der Entfaltung des Ganzen? Was heute in all diesen Welten individueller Existenzen vor sich geht, ist das ständige Fortschreiten in einer Entwicklung, durch die unser Weltall einem zukünftigen Weltall seinen Logos gibt. Es ist die Entwicklung des Logos eines neuen Universums sowie der Devas und all der großen Führer und Lehrer, die zum Aufbau, zur Erziehung und zur Lenkung dieses noch ungeborenen Weltalls nötig sind. So ist ein Weltall mit dem anderen verbunden, so folgt Manvantara (Weltentag) auf Manvantara, so sind die Früchte eines Weltalls die Saatkörner des neuen, das ihm folgt. In all der Vielfältigkeit eines Kosmos wird eine Einheit entwickelt, die noch größer ist, die das Gerüst des neuen, noch ungeborenen Kosmos bildet und die Kraft sein soll, die ihn lenkt und leitet.

Hier erheben sich die Fragen: Weshalb gibt es so viele Schwierigkeiten in der Evolution? Weshalb so viele Fehlschläge? Weshalb gehen die Menschen so oft irre, ehe sie den rechten Weg finden, und streben nach dem Bösen, das sie hinabzieht, statt nach dem Guten, das sie erhebt? War es dem Logos unseres Weltalls und den Devas, die seine Mittler sind, war es den großen Führern, die kamen, um die junge Menschheit zu leiten, nicht möglich, so zu planen, dass es keine solchen offensichtlichen Fehlschläge gab? Konnten sie die Menschheit nicht so leiten, dass der Weg gerade verlief, ohne Abschweifungen und Umwege?

Hier kommen wir zu dem Punkt, der die Entwicklung der Menschheit so schwierig macht, wenn man das Ziel ins Auge fasst, das erreicht werden soll. Es wäre sicherlich ein Leichtes gewesen, die aufdämmernden Kräfte der Menschheit so zu leiten, dass sie sich nur dem zugewandt hätten, was wir »gut« nennen. Aber was wäre der Endzustand bei einer so leicht erreichten Vollendung? Der Mensch wäre ein Automat, von einer zwingenden äußeren Macht getrieben, die ihm gebieterisch ein Gesetz auferlegen würde, das er erfüllen müsste. Im Mineralreich herrscht ein solches Gesetz: Die Anziehungskräfte, welche die Atome zusammenhalten, folgen einem solchen gebieterischen Zwang. Aber wenn wir höher steigen, finden wir, dass allmählich größere Freiheit in Erscheinung tritt, bis wir im Menschen eine spontane Kraft wahrnehmen, eine Freiheit der Wahl, die aufdämmernde Offenbarung des göttlichen Selbst, das anfängt, sich durch den Menschen zu zeigen. Das Ziel, das erreicht werden soll, ist nicht, Automaten zu erschaffen, sondern eine Spiegelung des Logos selbst hervorzubringen, eine machtvolle Schar weiser und vollkommener Menschen, die das Gute wählen, weil sie es kennen und verstehen, und das Böse ablehnen, weil sie aus Erfahrung seine Unzulänglichkeit kennen und das Leiden, zu dem es führt. So wird in dem Universum der Zukunft, gleich wie unter den Großen, die das heutige Universum leiten, Einheit durch eine Übereinstimmung der Willenskräfte herrschen. Sie werden durch Erkenntnis und freie Wahl wieder eins geworden sein, und zugleich eins mit dem Gesetz, weil sie wissen, dass dieses Gesetz gut ist. So wird das Gesetz dieses zukünftigen Universums, so wie es schon in diesem Universum ist, kein blindes, unbewusstes Gesetz sein, sondern eine Gemeinschaft lebender Wesen, die das Gesetz bilden, da sie göttlich geworden sind.

Ein solches Ziel aber kann auf keinem anderen Weg erreicht werden als auf einem Entwicklungsweg, auf dem Erfahrung gesammelt wird, auf dem das Böse ebenso kennengelernt wird wie das Gute, und das Scheitern ebenso erlebt wird wie der Triumph. So werden Menschen zu Göttern, und dank der Erfahrung, die hinter ihnen liegt, wollen, denken und fühlen sie auf gleiche Weise.

Um dieses Ziel zu erreichen, planten die göttlichen Lehrer und Führer unserer Menschheit viele Zivilisationen und gestalteten sie im Hinblick auf dieses Ziel. Auf die große atlantische Kultur, die der unseren voranging, näher einzugehen, fehlt mir die Zeit. Ich möchte nur erwähnen, dass der Versuch einer großen Zivilisation gemacht wurde, die unter ihren göttlichen Herrschern eine Zeit lang erfolgreich war. Dann zogen die göttlichen Herrscher ihre unmittelbare Führung zurück, wie eine Mutter die Hand von ihrem Kind zurückzieht, wenn es gehen lernt, um zu sehen, ob es ohne ihren stützenden Arm seine Schritte machen kann. Diese junge Menschheit aber strauchelte und fiel, und die große Zivilisation brach durch die Selbstsucht und die noch unbesiegten niederen Triebe der Menschen in Stücke.

Ein neuer Versuch wurde gemacht und die gegenwärtige Menschheit gegründet – wiederum mit göttlichen Herrschern, mit einem Manu, der ihr ein Gesetz gab und ihre Zivilisation entwarf, und den Sehern (Rishis), die sich um ihn sammelten, seine Gesetze verwalteten und die junge Zivilisation führten. So wurde der Menschheit noch einmal ein Vorbild gezeigt, nach dem sie sich entwickeln sollte. Dann zogen sich die großen Lehrer abermals zurück und ließen die Menschen ihre eigene Stärke erproben, ob sie stark genug wären, auf sich selbst vertrauend und von dem inneren Selbst gelenkt, allein zu gehen, anstatt durch äußere Offenbarungen geleitet zu werden. Und wiederum war dieser Versuch, wie wir wissen, überwiegend ein Fehlschlag.

Wenn wir auf das alte Indien zurückblicken, so finden wir eine vollkommene staatliche Ordnung und eine wunderbare Vergeistigung. Von Jahrtausend zu Jahrtausend aber sehen wir seinen Niedergang, nachdem sich die leitende Hand dem Blick der Menschen entzogen hatte. Wenn wir auf die heutige Welt schauen, so sehen wir, dass die niedere Natur des Menschen über das göttliche Ideal gesiegt hat, das ihr am Beginn vor Augen gehalten worden war. In jenen alten Tagen war das Idealbild des Brahmanen das Ideal einer Seele, die sich der Befreiung nähert, die nicht mehr nach den Gütern dieser Erde und den Freuden des Fleisches verlangt oder nach Macht und Ansehen strebt. Das Urbild des Brahmanen war ein armer, aber weiser Mensch, während jene, die heute diesen Namen tragen, oft nicht arm und weise, sondern reich und unwissend sind.

Wir wollen nun sehen, welchen Plan die großen Lehrer verfolgten, damit der Mensch aus Erfahrung und freiem Willen das Ideal erwählen sollte, das ihm gezeigt worden war. Um dies im Laufe der Zeitalter zu erreichen, wurde dem Volk der Karma-Yoga gelehrt, die Vereinigung durch aktives Tun. Das ist jene Form des Yoga, die für die Menschen in der

Welt geeignet ist, die von den Tätigkeiten des Lebens bedrängt werden. Eben durch diese Tätigkeiten und die Schulung, die sie bieten, werden im Karma-Yoga die ersten Schritte zur Vereinigung getan. Man beachte dabei die Gegenüberstellung der Worte »Tätigkeit« und »Vereinigung«, also eine Tätigkeit, die so ausgeführt wird, dass sie zur Vereinigung führt. Da es gerade unsere Tätigkeiten sind, die uns absondern, scheint es paradox zu sein, von einer Vereinigung durch Tätigkeit zu sprechen. Aber die Weisheit der göttlichen Lehrer war dieser Aufgabe gewachsen.

Wir wollen die Stufen verfolgen, die sie erläuterten.

Der Mensch befindet sich in der Verkörperung unter dem Einfluss der drei Naturkräfte, der sogenannten *Gunas*. Sie sind es, welche die Evolution bewirken. Sie schaffen das geoffenbarte Weltall, und der Mensch identifiziert sich mit diesen Kräften. Er glaubt, dass er handelt, während eigentlich diese Kräfte die Handelnden sind. Durch die Täuschungen, die sie hervorbringen, geblendet, verliert er gänzlich das Wissen über sich selbst. Nach allen Richtungen getrieben, von jeder Strömung fortgerissen, ist die Energie der Gunas alles, was der Mensch im Leben sieht. Es ist klar, dass der Mensch unter diesen Umständen für die höheren Formen des Yoga nicht reif ist. Er muss zuerst diese schöpferischen Kräfte verstehen lernen und sich vom Wirken der Erscheinungswelt distanzieren. Das große Lehrbuch des Karma-Yoga ist die *Bhagavad-Gita*. Es sind die Lehren, die Krishna auf dem Schlachtfeld von Kurukshetra dem Prinzen Arjuna verkündete, dem Krieger, der in der Welt kämpfen und leben, in ihr regieren sollte. Diese Lehren sind für alle Menschen gültig, die in der Welt leben und sich allmählich über die Gunas erheben und so die Vereinigung mit dem Höchsten erreichen wollen.

Es gibt bekanntlich drei Gunas, aus denen alles, was uns umgibt, aufgebaut und auf verschiedene Weise zusammengesetzt ist: *Satt-*

va, *Rajas* und *Tamas*. Sie wirken nach den verschiedensten Richtungen und müssen ins Gleichgewicht gebracht und unterworfen werden. Der Herr des Körpers muss ihr überlegener Herrscher werden. Er muss sie erkennen und sie von sich unterscheiden. Dies kann nicht auf einmal geschehen, ebenso wenig wie ein Kind die Arbeit eines Erwachsenen leisten kann. Das Kind muss erst zum vollen Menschen heranreifen und seine Kräfte geschult werden, ehe es die Arbeit eines Erwachsenen verrichten kann.

Nehmen wir als Erstes die Funktion von *Tamas*, das gewöhnlich mit Finsternis, Trägheit, Untätigkeit oder Nachlässigkeit übersetzt wird. Welche Rolle kann es spielen, wenn es zur menschlichen Entwicklung genutzt werden soll? Die Rolle von Tamas im Karma-Yoga ist die einer Kraft, gegen die der Mensch kämpfen und die er überwinden muss. Sie gleicht den Hanteln, Keulen und Gewichten, mit denen ein Athlet arbeitet – er kann keine Muskelkraft erlangen, wenn er nicht etwas hat, woran er üben kann. Der Wert liegt nicht in den Gewichten an sich, sondern in ihrer Anwendung. In derselben Art wirkt die Nachlässigkeit, Finsternis und Trägheit von Tamas in der Entwicklung des Menschen: In dem Maß, in dem er diese tamasischen Eigenschaften seiner Natur überwindet, nehmen die Kräfte seiner Seele zu.

Im Hinduismus wurden zu diesem Zweck verschiedene Riten und Zeremonien entwickelt. Ein Teil ihrer Funktion ist es, den Menschen zu schulen, diese Trägheit und Lässigkeit seiner niederen Natur zu überwinden. Es werden ihm durch sie verschiedene Pflichten auferlegt, die zu einer bestimmten Zeit erfüllt werden müssen – gleichgültig ob er zu dieser Zeit dazu aufgelegt ist oder nicht, ob er sich aktiv oder träge fühlt. Durch die Auferlegung dieser Pflichten wird er geschult, die Trägheit und Nachlässigkeit seiner niederen Natur zu überwinden und diese zu zwingen, den ihr vom Willen vorgeschriebenen Weg zu gehen.

Ebenso verhält es sich bei *Rajas*. Diese Eigenschaft ist in der heutigen Welt sehr stark tätig und zeigt sich in vielen Richtungen. Sie treibt den Menschen zur Hast und übermäßigen Geschäftigkeit an sowie zu einem ständigen Streben, materielle Resultate zu erzielen. Der Mensch handelt, um seine niedere Natur zu befriedigen. Er arbeitet, weil er etwas zu erwerben wünscht, weil er Geld besitzen will, um zu genießen, oder weil er Macht erlangen will, um sein niederes Ich zu stärken. Alle diese Tätigkeiten, diese Eigenschaften von Rajas, werden in Bewegung gesetzt, um seiner niederen Natur zu dienen. Damit diese Aktivitäten geschult und so gelenkt werden können, dass sie dem höheren Selbst dienen, lehrt Karma-Yoga den Menschen, Selbstsucht durch Pflichterfüllung zu ersetzen. Er soll arbeiten, weil es seine Pflicht ist. Wer Yoga vollbringen will, muss für das Ganze wirken und nicht für einen abgesonderten Teil. Er muss arbeiten, um den göttlichen Willen im Kosmos auszuführen, und nicht zum Vergnügen eines einzelnen Wesens, das sich unabhängig dünkt, während es ein Mitarbeiter des göttlichen Willens sein sollte.

Erreicht wird dieses Ziel durch ein allmähliches Heben des Wirkungsbereiches dieser

Kräfte. Auch dafür sind im Hinduismus religiöse Zeremonien eingesetzt worden, um die Menschen allmählich zu dem wahren Leben, das ihre eigentliche Aufgabe ist, zu erziehen. Jede religiöse Zeremonie ist nur ein Weg, um den Menschen für das wahre, höhere Leben zu schulen. Der Mensch meditiert am frühen Morgen und bei Sonnenuntergang, und schließlich wird sein ganzes Leben eine einzige lange Meditation. Durch *Tapas* – Meditation – sind die Welten geschaffen worden. Meditation zu festgesetzten Zeiten ist ein Schritt, um ständige Meditation zu erreichen. Sie nimmt einen Teil des täglichen Lebens in Anspruch, um mehr und mehr das ganze Leben zu durchdringen. Es kommt die Zeit, wo es für den Yogi keine bestimmte Stunde für die Meditation mehr gibt, denn sein ganzes Leben ist eine lange Meditation, was immer seine äußeren Tätigkeiten sein mögen.

Ähnlich ist es mit allen anderen Formen der Tätigkeit. Zuerst lernt der Mensch, eine Handlung als ein Opfer, das er der Pflicht darbringt, zu tun. Das ist ein Abzahlen seiner

Schulden an die Welt, ein Zurückgeben dessen, was sie ihm gab, an alle Teile der Natur. Später wird das Opfer mehr als ein Abzahlen von Schulden, es wird zu einem freudigen Geben von allem, was der Mensch zu geben vermag. Wenn diese Stufe erreicht ist, dann ist Yoga vollendet, und die Lektion, die Karma-Yoga zu vermitteln hat, ist erlernt worden.

Dieser Gedanke liegt auch den *täglichen fünf Opfern* zugrunde, die der Hinduismus vorschreibt. Jedes derselben bedeutet zunächst die Zahlung einer Schuld, die Anerkennung dessen, was der Mensch als Einzelwesen dem Ganzen schuldet.

Betrachten wir das Erste – *das Opfer an die Devas*. Warum wurde dieses Opfer eingesetzt? Weil der Mensch lernen muss, dass sein Körper der Erde und den Wesen, welche die Vorgänge in der Natur lenken, durch die die Erde Früchte trägt und Nahrung für den Menschen hervorbringt, verpflichtet ist. Wenn der Mensch Nahrung für seinen Körper aufnimmt, schuldet er der Natur Gleichwertiges für das, was ihm durch die Vermittlung dieser kosmischen Wesen, der Devas, zugekommen ist. So wurde dem Menschen gelehrt, sein Opfer ins Feuer zu schütten. Weshalb? Als Erklärung wurde der Ausspruch gegeben: »Agni ist der Mund der Götter.« Die Menschen wiederholen diesen Satz, ohne zu versuchen, seinen Sinn zu erfassen oder hinter der Oberfläche des äußeren Namens dieses Devas seine Funktion in der Welt zu erkennen. Der wahre Sinn, der diesem Satz zugrunde liegt, ist der, dass es um uns überall bewusste und unbewusste Arbeiter der Natur in verschiedenen Graden gibt, wobei ein großer Deva an der Spitze jeder Division dieses ungeheuren Heeres steht. Unter diesen Devas, die die Herrscher in den Bereichen des Feuers, der Luft, des Wassers und der Erde sind, wirkt eine große Anzahl niedrigerer Götter, welche die verschiedenen gesonderten Tätigkeiten der Naturkräfte ausführen. Das erste Opfer besteht in einem Nähren dieser niederen Hilfskräfte, indem man ihnen durch Feuer Nahrung zukommen lässt. Das Feuer wird »der Mund der Götter« genannt, weil es zersetzt, weil es die festen und flüssigen Dinge, die hineingebracht werden, verändert und umwandelt, sie in feinere Substanzen auflöst und sie auf diese Weise in ätherische Stoffe umsetzt, so dass sie zur Erhaltung der niederen Grade elementalen Lebens beitragen, welche die Befehle der kosmischen Devas ausführen. Der Mensch begleicht auf diese Weise seine Schuld, und in Erwiderung fällt in den niederen Regionen der Atmosphäre Regen, wird die Erde fruchtbar und erhält der Mensch seine Nahrung. Das ist es, was Krishna meinte, wenn er sagte: »Nähret die Götter, und die Götter werden euch ernähren!« Zuerst nahm der Mensch dies als religiöse Lehre an; dann kam die Zeit, in der er es für Aberglaube hielt, da er das innere Wirken nicht kannte und nur die äußeren Erscheinungen sah; am Ende aber wächst das tiefere Wissen, sobald die Wissenschaft, die sich zuerst dem Materialismus zuneigt, sich durch tiefere Forschung zur Anerkennung des spirituellen Bereiches erhebt.

Als Zweites folgt *das Opfer an die Vorfahren*. Es ist das Anerkennen dessen, was der Mensch denen schuldet, die vor ihm in der Welt lebten, welche die Welt zum Teil für uns gestalteten und Verbesserungen vornahmen, die wir erben sollten. Dieser Opferdienst ist eine Schuld der Dankbarkeit gegenüber jenen, die uns in der menschlichen Entwicklung unmittelbar vorangingen und das Ergebnis ihrer Arbeit hinterließen. Da wir die Vorteile ihres Wirkens ernten, zahlen wir ihnen unsere Dankesschuld ab.

Dann kommt *das Opfer des Wissens*, damit durch das Studium heiliger Worte die Menschen fähig werden sollen, denen zu helfen und die zu schulen, die weniger wissen als sie. Dadurch können jene in sich das Wissen entfalten, das zur Offenbarung des Selbst in ihnen notwendig ist.

Das vierte ist *das Opfer an die Menschen*, die Abzahlung dessen, was man der ganzen Menschheit schuldet, an einen einzelnen Menschen symbolhaft, als Anerkennung, dass die Menschen einander wechselseitig alle freundlichen Handlungen in der physischen Welt schulden, jeden Beistand, den ein Bruder dem anderen geben kann. Das Opfer an die Menschen ist die formelle Anerkennung dieser Pflicht. Dadurch, dass man jemandem, der dessen bedarf, Gastfreundschaft gewährt, gibt man durch die konkrete Tatsache, dass man *einen* Menschen sättigt, ideell der *ganzen* Menschheit Nahrung. Wenn wir einem Vorbeigehenden gastfreundlich die Tür öffnen, machen wir der Menschheit in ihrer Gesamtheit die Tür unseres Herzens auf.

So ist es auch mit dem letzten Opfer, dem *Opfer an die Tiere.* Der Hausvater soll Futter auf die Erde stellen, damit jedes vorbeistreifende Tier davon nehmen kann. Damit anerkennt er seine Pflicht der niederen Welt gegenüber. Das Opfer an die Tiere soll seinem Sinn den Gedanken einprägen, dass wir als Erzieher, Leiter und Helfer der niederen Geschöpfe hier sind, die auf der Leiter der Entwicklung unter uns stehen. Jedes Mal, wenn wir durch Grausamkeit, Härte oder Rohheit irgendwelcher Art gegen sie sündigen, sündigen wir gegen den, der in ihnen wohnt und dessen niedere Offenbarungen sie sind. Damit der Mensch das Gute im Tier erkennen und verstehen kann, dass Krishna auch im niederen Tier anwesend ist, wenn auch verschleierter als im Menschen, wurde dem Menschen befohlen, den Tieren zu opfern, nicht ihrer äußeren Form, sondern dem Göttlichen in ihnen. Aber der einzig richtige Weg, wie wir ihnen opfern können, ist durch Güte, Freundlichkeit, Mitleid und Erziehung, dadurch, dass wir der Entwicklung der Tiere voranhelfen und sie nicht durch Rohheit und Grausamkeit zurückwerfen.

So wurden dem Menschen durch diese äußeren Riten und Zeremonien die inneren geistigen Wahrheiten gelehrt, welche sein Leben durchdringen sollen. Wenn er diese fünf Opfer, mit denen sein Leben täglich begann, vollbracht hatte, sollte er durch sie geheiligt in die Welt hinausgehen und dort durch die Erfüllung seiner Pflichten sein Opfer fortsetzen. Mit der allmählichen Vernachlässigung dieser fünf Opfer ging gleichzeitig auch eine Vernachlässigung der Pflichterfüllung im äußeren Leben Hand in Hand. Diese Opfer werden nicht ewig nötig sein, denn es kommt eine Zeit, in der der Mensch sich über sie erheben wird. Aber er erhebt sich wirklich erst dann über sie, wenn sein ganzes Leben ein langes und lebendiges Opfer geworden ist. Unglücklicherweise sind diese Dinge im heutigen Indien weitgehend außer Acht gelassen worden, aber nicht, weil sich die Menschen darüber erhoben hätten und ihr Leben auch ohne sie rein und geistig erhaben wäre, so dass sie dieser Schulung und Mahnung nicht mehr bedürften, sondern weil sie materialistisch geworden sind. Sie verweigern jede pflichtgetreue Anerkennung der Mächte über ihnen und versagen darum auch in ihren Pflichten gegenüber den Menschen in ihrer Umgebung.

Betrachten wir als Nächstes das äußere tägliche Leben – die Pflicht des Einzelnen in der Welt. Wo es auch sein mag, er ist in eine bestimmte Familie hineingeboren – und das bestimmt seine Familienpflichten. Er ist in eine bestimmte Gemeinschaft geboren – und das bestimmt seine Pflichten der Gemeinschaft gegenüber. Er ist in eine bestimmte Nation geboren – und das bestimmt seine Pflichten dem Staat gegenüber. Jedem Menschen ist der Bereich seiner Pflichten durch seine Geburt bestimmt, die unter dem guten Gesetz, unter der Leitung durch sein Karma, jedem Menschen seinen Wirkungskreis einräumt, den Schulungsraum, in dem er lernen kann. Darum wird gesagt, dass jeder Mensch seine eigene Pflicht, sein eigenes *Dharma*, erfüllen sollte. Besser unvollkommen dem eigenen Dharma nachkommen, als zu versuchen, das Dharma eines anderen zu erfüllen. Man tue seine Pflicht, ohne Rücksicht auf die Folgen, dann wird man die Aufgabe des Lebens erlernen und anfangen, den Pfad des Yoga zu betreten. Zuerst handeln die Menschen um der Früchte willen, weil sie einen Lohn zu erlangen hoffen. Aber wenn das eigene Tun als Yoga dienen soll, dann muss es aus Pflichterfüllung getan werden.

Blicken wir kurz auf die *vier großen Kasten* des Hinduismus und versuchen zu verstehen, welchem Zweck sie eigentlich dienen sollten.

Der *Brahmane* sollte lehren, damit es eine

Aufeinanderfolge weiser Lehrer gebe, um die Entwicklung der Gemeinschaft zu leiten. Er sollte nicht für Geld und Macht lehren oder um etwas für sich zu erlangen, sondern lediglich in der Erfüllung seines Dharmas. Er sollte Wissen besitzen, um es an andere weiterzugeben. Dadurch sollte es in einem gut geführten Volk nie an Lehrern fehlen, die fähig waren, zu unterrichten, zu führen und ohne eigennützige Zwecke Ratschläge zu erteilen. So sollte der Brahmane nichts für sich gewinnen, aber durch ihn sollte alles für das Volk gewonnen werden. Er sollte auf solche Weise sein Dharma erfüllen, und seine Seele sollte dadurch befreit werden.

Dann kam der Yoga, der den tätigen Menschen in der Welt zum Herrschen und Regieren befähigen sollte, die Schulung der herrschenden Klasse, der *Kshatriyas*. Sie waren zum Herrschen bestimmt; nicht um sich selbst durch die Macht zu befriedigen, sondern damit Gerechtigkeit herrschen sollte. Der arme Mensch sollte sich sicher fühlen, und dem Reichen sollte es unmöglich sein, ihn zu tyrannisieren, damit Redlichkeit und unparteiische Gerechtigkeit in der Welt der Menschen herrschen konnte. Denn inmitten dieser Welt des Kampfes und Streites, in der die Menschen nur den Geist der Selbstsucht zu befriedigen trachten, statt für das Allgemeinwohl zu sorgen, müssen sie gelehrt werden, Gerechtigkeit zu üben. Der gerechte Herrscher wird, wenn ein mächtiger Mensch seine Kräfte missbraucht, die unredliche Ausübung dieser Kraft einschränken. Die Pflicht des Königs war es, zwischen den Menschen Recht walten zu lassen, so dass alle Menschen zu seinem Thron als dem Quell, aus dem göttliche Gerechtigkeit strömt, aufschauen konnten.

Ähnliches galt, wenn seine Pflicht die des Kriegers war. Die Nation sollte ihren Geschäften in Frieden nachgehen können. Alle verschiedenen Erwerbszweige sollten, gegen Angriffe gesichert, furchtlos ausgeübt werden können, und die Menschen sollten sicher, glücklich und in Wohlfahrt im Kreis ihrer Familie leben.

Dem Kshatriya wurde gelehrt, dass er, wenn

er kämpfen musste, es als Beschützer der Hilflosen zu tun hatte, und dass er bereitwillig sein Leben hinzugeben habe, damit sie das ihre in Frieden genießen konnten. Er sollte nicht kämpfen um des Gewinnes willen, um Länder, Macht oder Herrschaft zu erlangen. Wie eine eiserne Mauer sollten die Kshatriyas die Nation umgeben, so dass jeder Angriff an ihren Körpern abprallte und innerhalb des Kreises, den sie bildeten, die Menschen in Frieden, Sicherheit und Glück zu leben vermochten. Wenn er innerhalb seiner Pflicht als Krieger dem Yoga folgen wollte, dann musste er sich als das Werkzeug des handelnden Gottes betrachten. Wenn in jeder Tat eines Menschen der handelnde Gott erkannt wird, dann kann er wunschlos aus Pflicht handeln, und sein Tun verliert dadurch die fesselnde Macht über seine Seele.

Dasselbe wiederum galt für den *Vaishya*, der Vermögen ansammeln sollte. Auch er sollte dies nicht zu seinem eigenen Nutzen tun, sondern um die Nation zu unterstützen. Er sollte reich sein, damit für jede Tätigkeit, die Mittel erforderte, ein Vorrat an solchen Mitteln zur Hand sei, so dass das Gewünschte in jeder erforderlichen Weise ausgeführt werden konnte. Überall sollte es Heime für die Armen geben, Raststätten für Reisende, Krankenhäuser für Mensch und Tier sowie Tempel für die Andachten. Überall sollten die nötigen Mittel vorhanden sein, um diese Tätigkeiten eines vollkommen gestalteten nationalen Lebens zu ermöglichen. Sein Dharma war es also, diese Mittel für das Allgemeinwohl anzusammeln und nicht zu seiner persönlichen Befriedigung. Auf diese Weise konnte auch er geistig reifen und sich durch Karma-Yoga auf das höhere Leben vorbereiten.

Ebenso hatte auch der *Shudra* sein Dharma in der Gemeinschaft zu erfüllen. Seine Aufgabe lag darin, der kräftige Arm der Nation zu sein, der das herstellte, was sie benötigte, und die äußeren Dienste ausführte. Wenn er seinen Yoga erfüllen wollte, so bestand dieser darin, dass er seinen Pflichten freudig nachging, um ihrer selbst willen und nicht um des Lohnes willen, den er dafür erhielt.

Zuerst handeln die Menschen um ihrer eigenen Befriedigung willen und sammeln auf diese Weise Erfahrungen. Dann lernen sie, aus Pflicht zu handeln, und beginnen so, im täglichen Leben Yoga zu üben. Zuletzt vollführen sie ihre Handlungen als freudvolles Opfer, für das sie nichts zurückverlangen. Alle Kraft, die sie besitzen, widmen sie der Vollendung ihres Werkes. Auf diese Weise wird Vereinigung erreicht.

Wenn wir diese Stufen des Handelns zur eigenen Befriedigung, des Handelns als Pflichterfüllung und des Leistens eines Dienstes an allen als freiwilliges Opfer betrachten, verstehen wir, was mit Reinigung oder Läuterung gemeint ist. Sie sind die Stufen des Pfades der Läuterung.

Aber wie soll diese Läuterung vollbracht werden, die zu den höheren Stufen, zum Anfang des Pfades der Jüngerschaft führt, für den alle diese Arbeiten eine Vorbereitung sind? Jeder Teil des Menschen muss geläutert werden, der Körper ebenso wie die Psyche. Es ist hier nicht der Raum, näher auf die

Reinigung des Körpers einzugehen. Wir wollen uns nur daran erinnern, dass nach der Lehre der *Bhagavad-Gita* diese Reinigung durch Mäßigkeit erreicht wird, nicht durch selbstquälerisches Asketentum. Yoga wird durch maßvolle Selbstbeherrschung erreicht, durch planmäßiges Erziehen der niederen Natur, durch überlegte Wahl einer reinen Ernährung, durch Bedachtsamkeit und Mäßigung in allen physischen Tätigkeiten. Diese Schulung, Lenkung und Mäßigung muss schrittweise erfolgen, bis der ganze Körper unter die Herrschaft des Willens und des Selbst gelangt ist.

Zu diesem Zweck wurde das Familienleben eingerichtet, denn für den harten Weg der Ehelosigkeit sind die Menschen, außer vielleicht einige wenige, nicht geeignet. Im Familienleben wurde den Menschen gelehrt, ihre sexuellen Leidenschaften zu beherrschen und zu mäßigen – nicht sie ganz zu unterdrücken, was für die Masse der Menschen unmöglich ist, und wenn es erzwungen wird, oft zu einer Reaktion führt, die den unklugen Menschen in schlimmste Lasterhaftigkeit stürzen kann. Hier beginnt wieder der Karma-Yoga. Der Familienvater muss allmählich Selbstbeherrschung und Mäßigung lernen, seine niedere Natur der höheren unterordnen und sie Tag um Tag schulen, bis sie ganz und gar dem Willen unterworfen ist. Auf diese Weise läutert er den Körper und wird für die höheren Stufen des Yoga reif.

Alle Leidenschaften der niederen Natur müssen geläutert werden. Als Beispiel für alle anderen wollen wir drei von ihnen näher betrachten.

Nehmen wir als Erstes die *Leidenschaft des Zornes*. Zorn ist eine Energie, die vom Menschen ausgeht, um ihm seinen Weg zu erkämpfen. In einem unentwickelten und ungeschulten Menschen zeigt er sich als Leidenschaft in vielen rohen Formen. Er schlägt allen Widerstand nieder und achtet nicht auf die Art und Weise seines Tuns, wenn er alles aus seinem Weg schleudert, was sich der Befriedigung seines Willen entgegenstellt. In dieser Form ist der Zorn eine undisziplinierte und zerstörende Naturkraft, die derjenige, der Karma-Yoga üben will, entschieden bändigen muss. Wie kann dies geschehen? Als Erstes merzt er das persönliche Element aus. Er schult sich, es nicht mehr übel zu nehmen, wenn ihm persönliches Unrecht zugefügt wird. Das ist eine Aufgabe, die noch vor vielen von uns liegt.

Jemand fügt uns ein Unrecht zu. Was sollen wir tun? Wir können uns von unserem Zorn hinreißen lassen und auf ihn einschlagen; oder wenn er uns betrogen hat, ihn auch schädigen; und wenn er hinterrücks gegen uns gehandelt hat, ihm Gleiches mit Gleichem vergelten. Dann aber wirkt die Leidenschaft des Zornes zerstörend nach allen Richtungen, wo menschliche Gemeinschaft herrschen sollte.

Wie soll diese Leidenschaft geläutert werden? Wir können die Antwort bei jedem beliebigen der großen Lehrer finden, die Karma-Yoga verkündeten. In dem zehnfältigen System der Pflichten, das der Manu aufstellte, war eine der Pflichten das Vergeben von Unrecht. Und wir erinnern uns, dass auch Buddha lehrte: »Hass hört nicht auf durch

Hass, nur Liebe setzt dem Hass ein Ende.« Den gleichen Gedankengang verfolgte Christus, als er sagte: »Lasset euch nicht vom Bösen überwinden, sondern überwindet das Böse durch Gutes.« Das ist Karma-Yoga. Auf diese Weise wird das persönliche Element ausgemerzt, und man empfindet keinen Zorn mehr, wenn einem Unrecht geschieht.

Aber eine höhere Form von Zorn mag noch zurückbleiben. Wir sehen, wie einem Schwachen Unrecht widerfährt oder wie ein Tier misshandelt wird, und unser Zorn wendet sich gegen den Übeltäter. Das ist unpersönlicher Zorn, weit edler als der andere und eine notwendige Stufe in der menschlichen Entwicklung. Es ist weit besser, erzürnt über einen Übeltäter zu sein, als in kalter Gleichgültigkeit vorüberzugehen, weil man kein Mitgefühl mit dem Leidenden empfindet. Dieser höhere, unpersönliche Zorn ist also edler als Gleichgültigkeit, aber er ist nicht das Höchste. Auch er muss noch umgewandelt werden in die Fähigkeit, dem Starken und dem Schwachen gleichermaßen gerecht zu werden, mit dem, der Unrecht tut, mitzufühlen, sowie mit dem, der Unrecht erleidet, da man erkennt, dass der Erstere sich selbst mehr schadet als dem, den er verletzt. Diese Fähigkeit umfasst alle, den Unrechttuenden und den Leidenden, in gleicher Liebe und Gerechtigkeit. Wer die Leidenschaft des Zornes so geläutert hat, gebietet dem Unrecht Einhalt, weil dies seine Pflicht ist; aber er ist milde gegen den Übeltäter, weil auch er Hilfe und Leitung nötig hat. So wird aus persönlichem Zorn, der gegen persönliches Unrecht zurückschlug, Gerechtigkeit, die allem Unrecht ein Ende setzt und Starken und Schwachen in gleicher Weise Sicherheit gibt und sie schützt. Das ist die Läuterung, die in der Welt der Tätigkeit vollbracht wird, die Richtung des täglichen Bemühens, durch das die niedere Natur gereinigt wird, um die Vereinigung zu erlangen.

Betrachten wir als zweites Beispiel die *Liebe*. Man kann sie in ihrer weltlicheren Form ausüben, als die Leidenschaft zwischen den Geschlechtern, die nicht nach dem Charakter dessen fragt, für den die Zuneigung empfunden wird, nicht nach der Schönheit der geistigen und sittlichen Natur, sondern nur nach der physischen Schönheit, Anziehung und Lust. Das ist Leidenschaft in ihrer weltlichsten Form. In ihr wird nur das eigene Ich befriedigt. Der Mensch, der Karma-Yoga übt, läutert sie zu einer Liebe, die für diejenigen, die er liebt, Opfer auf sich nimmt. Die Liebe sucht in einem solchen Menschen nicht mehr nur die eigene Freude, sondern sie versucht denen, die sie liebt, zu helfen. Sie nimmt Schlimmes, das ihnen droht, auf sich, damit sie geschützt und bewahrt bleiben. Was zuerst nur eine sinnliche Leidenschaft für das andere Geschlecht war, wird zur Liebe der Gattin oder des Vaters, des älteren Bruders oder der älteren Schwester, die ihre Pflichten erfüllen und um ihrer Angehörigen willen arbeiten, um ihr Leben freundlicher und glücklicher zu gestalten.

Und dann kommt die letzte Stufe, wenn die vom Ich gereinigte Liebe auf alle ausströmt. Sie wirkt dann nicht mehr bloß im engen Kreis des eigenen Heimes, sondern sieht in allen, denen sie begegnet, Brüder und Schwestern, denen geholfen werden soll. Wann immer ein so geläuterter Mensch jemandem begegnet, der einsam ist, so wird er ihm zum Vater, zum Bruder und zum Helfer: Nicht, weil er ihn persönlich liebt, sondern weil er ideell liebt und um der Liebe willen gibt. Die höchste Liebe, die sich aus Karma-Yoga entfaltet, verlangt nichts zurück für das, was sie gibt. Sie sucht keine Dankbarkeit, sie verlangt nicht nach Anerkennung. Sie ist bereit, unerkannt zu wirken, sie zieht es sogar vor, verborgen zu wirken und nicht auf eine Weise, die Lob und Anerkennung bringt. In ihrer höchsten Läuterung wird die Liebe vollkommen göttlich und gibt nur, weil es ihre Natur ist, Glück zu verbreiten und andere froh zu machen.

Ebenso geht es mit der *Habgier*. Zuerst streben die Menschen nach Gewinn, um zu genießen oder um nach außen hin eine höhere Stufe zu erreichen. Dann läutern sie diese erste Form der Gier und streben nach Gewinn, um ihre Familie besser zu stellen, damit sie keinen Mangel leidet. So werden sie etwas weniger selbstsüchtig als zuvor. Dann gehen sie noch einen Schritt weiter. Sie trachten nach Macht, um sie zum Guten anzuwenden, um für einen weiteren Kreis über ihre Familie hinaus Gutes zu tun. Schließlich lernen sie, wie bei der Liebe, zu geben, ohne etwas zu verlangen. So wird die Selbstsucht ausgebrannt.

Haben Sie sich je gefragt, weshalb der Gott, der den Namen Mahadeva trägt, am Ort der Feuerbestattung wohnt? Ein seltsamer Ort, sollte man denken, als Aufenthalt für den Mächtigsten, eine seltsame Umgebung für den, der die Reinheit selbst ist. Was sich hinter dem Symbol des Bestattungsplatzes verbirgt, ist das menschliche Leben, und an diesem Ort, wo *Shiva* weilt, werden alle niederen Dinge im menschlichen Leben wie von Feuer verzehrt. Ist er nicht gegenwärtig, dann bleiben diese erdhaften Dinge bestehen, sie verfaulen und verderben und werden zu einer Gefahr. Aber an der Stätte, an der das Feuer Shivas brennt, wird alles verbrannt, was eigennützig und persönlich ist, was der niederen Natur angehört. Aus diesen erneuernden Flammen erhebt sich triumphierend der Yogi. Kein persönliches

Element haftet mehr an ihm, denn das Feuer des Herrn hat alle niederen Leidenschaften verzehrt. Darum wird er auch der Zerstörer genannt – der Zerstörer des Niederen, damit die Auferstehung des Höheren erfolgen kann. Aus seinem Feuer wurde die Seele am Anfang der Zeiten geboren, und aus dieser Feuerstätte erhebt sich das geläuterte Selbst.

So führen diese ersten Schritte aufwärts zur wahren Jüngerschaft, zu jenem inneren Tempel, in dessen Allerheiligstem der Guru der Menschheit weilt. Das sind die ersten Schritte, die alle gehen müssen, die in der äußeren Welt ein soziales und politisches Leben führen und durch weltliche Bande gebunden sind, die aber im Grunde ihres Herzens sich nach dem wahren Yoga sehnen, nach einem Wissen, das bleibend ist und nicht nur diesem vergänglichen Leben angehört.

Das sind die ersten Schritte, das ist der Weg, der beschritten werden muss. Er beginnt dort, wo ein jeder heute steht, in dem Leben, das er jetzt führt. Am Ende dieses Weges aber wartet die Vereinigung. Was ist »Vereinigung«?

Erinnern wir uns an die Kennzeichen, die Krishna in der *Bhagavad-Gita* von dem Menschen gibt, der über die Gunas, die Kräfte der Natur, hinauswächst, fähig, den Nektar der Unsterblichkeit zu empfangen, reif, das Höchste zu erkennen und eins mit ihm zu werden. Er sieht, dass alles Wirken nur ein Wirken der Gunas ist, und er erkennt jenes Eine, das jenseits von ihnen besteht. Er wünscht die Gunas nicht herbei, wenn sie abwesend sind, und er weist sie nicht zurück, wenn sie gegenwärtig sind. Er ist gleichen Mutes unter Freunden und Feinden, bei Lob und bei Tadel. Auf sich selbst allein gestützt, blickt er mit gleicher Ruhe auf alle Dinge, auf einen Klumpen Erde wie auf ein Stück Gold, auf einen Feind wie auf einen Freund. Er ist zu allen gleich, denn er ist über die Gunas hinausgeschritten und wird nicht mehr von ihrem Spiel getäuscht.

Das ist das Ziel, nach welchem wir streben. Was wir besprachen, sind nur die ersten Schritte, die zu dem geistigen Pfad leiten, der uns dorthin führt. Zuerst müssen diese ersten Schritte getan werden, erst wenn sie getan sind, wird der Anfang des eigentlichen Pfades sichtbar.

2.

VORAUSSETZUNGEN
FÜR DEN GEISTIGEN PFAD

BEHERRSCHUNG DES DENKENS –
MEDITATION – CHARAKTERBILDUNG

Wir wollen uns nun mit den Voraussetzungen
für das Beschreiten des geistigen Pfades befassen und dabei auch die Frage der Wiedergeburt
betrachten. Es geht um die Art und Weise, wie
ein Mensch sich darüber klar werden kann,
was der „geistige Pfad" bedeutet, um diesen
dann bewusst zu seinem künftigen Lebensweg
zu erwählen. Wir erinnern uns an die verschiedenen Stufen der Tätigkeit, die wir ge-
schildert haben. Zuerst vollführt der Mensch
seine Taten zur Befriedigung seiner eigenen
niederen Natur, die stets nur nach äußerem
Wohlstand strebt. Allmählich lernt er dann
durch die Übung von Karma-Yoga, nicht um

des Lohnes willen eine Tat zu vollbringen, sondern deshalb, weil sie getan werden soll. Er beginnt, sich mit dem Gesetz zu identifizieren. Dann gibt es die weitere Stufe, in der ein Opfer nicht mehr aus bloßer Pflichterfüllung erbracht wird, sondern als ein freudiges Hingeben von allem, was der Mensch besitzt. Es ist klar, dass es für einen Menschen, der nicht mehr aus Pflicht wirkt, sondern weil er alles, was er ist und hat, dem Dienst am Höchsten widmen will, möglich wird, das, was man die Fesseln des Begehrens nennt, zu zerbrechen und sich auf diese Weise von der Wiederverkörperung zu befreien. Denn das, was den Menschen zur Wiederverkörperung auf die Erde herabzieht, ist das Begehren. Jeden Menschen, der sich irgendein irdisches Ziel setzt, bindet das Verlangen. Solange er nach etwas verlangt, was die Erde ihm geben kann, muss er zu ihr zurückkehren. Solange irgendeine Freude oder irgendein Gegenstand des vergänglichen Lebens auf der physischen Erde die Kraft hat, ihn anzuziehen, ist dies etwas, was auch die Macht hat, ihn zu binden.

Der Mensch ist so göttlich in seiner Natur, dass selbst diese nach außen strömende Kraft, die wir Verlangen oder Begehren nennen, in sich die Macht zur Erfüllung birgt. Das, was er begehrt, erlangt er. Die Natur gibt es ihm, wenn die Zeit dazu reif ist. Daher ist der Mensch, wie schon oft gesagt wurde, der Herr seines Schicksals. Was er vom Universum fordert, wird dieses Universum ihm geben. Natürlich muss er die Ergebnisse seines Begehrens in jenem Teil des Universums in Empfang nehmen, zu dem sein Begehren gehört. Sind es Dinge der Erde, nach denen er trachtet, dann muss er zur Erde zurückkehren, damit sein Verlangen erfüllt werden kann. Aber auch alle Wünsche, die ihre Befriedigung in den zeitlichen und vergänglichen Welten jenseits des Todes finden, fesseln ihn an die Wiedergeburt, denn auch die Welten jenseits der Todespforte, die vergänglich sind, führen zur Wiedergeburt hier auf Erden zurück. Wenn ein Mensch sich also die Freuden von *Svarga*, der Himmelswelt, zum Ziel setzt und sich vielleicht sogar irdische Freuden versagt, um die himmlischen zu erlangen, so wird er diese zwar erhalten, aber da die Himmelswelt selbst vergänglich ist, kehrt die Seele aus ihr in die irdische Welt der Menschen zurück.

Die bloße Befreiung an sich (für ein Zeitalter) kann durch bloße Vernichtung des Begehrens erlangt werden. Ohne eine besonders erhabene Entwicklung der Seele erreicht zu haben, ohne die Entfaltung der göttlichen Möglichkeiten, die im menschlichen Bewusstsein eingeschlossen sind, und ohne die Höhen zu erreichen, auf denen die Lehrer und Helfer der Menschheit stehen, kann der Mensch, wenn er dies wünscht, eine Befreiung erlangen, welche die Bande zerreißt, die ihn an die Welten von Leben und Tod fesseln. Aber es ist dies eine Befreiung, die im Grunde selbstsüchtig ist, es ist eine Befreiung des Einzelnen, in der ein Mensch sich aus der Menschheit löst und sie allein weiterringen lässt, ohne seinen Brüdern zu helfen, dass auch sie ihre Fesseln zerreißen.

Ich weiß, dass viele Menschen keinen höheren Gedanken als diesen im Leben haben und nur für sich selbst Befreiung suchen, ohne auf andere zu achten. Dies kann, wie gesagt, verhältnismäßig leicht erreicht werden. Es bedarf nur der Erkenntnis der Vergänglichkeit des Irdischen, der Wertlosigkeit der Dinge, nach denen der Ehrgeiz der Menschen Tag für Tag strebt. Aber eine solche Befreiung ist nur eine zeitweilige, sie währt vielleicht für die Dauer eines Weltalters. Dann muss ein solcher Mensch in einem zukünftigen Zyklus zurückkehren, um einen weiteren Schritt in Richtung auf das zu machen, was sein wirkliches göttliches Ziel ist.

Weisere und größer denkende Seelen bemühen sich darum zwar auch, die Fesseln des Begehrens zu zerbrechen, aber nicht, damit sie selbst den Schwierigkeiten des Lebens entkommen, sondern um jenem höheren und edleren Pfad zu folgen, welcher der „Pfad der Jüngerschaft" genannt wird, und um den Großen nachzufolgen, die der Menschheit diesen Pfad ermöglicht haben. Sie trachten danach, die Lehrer zu finden, die bereit sind, jene anzunehmen, die sich zur Jüngerschaft fähig gemacht haben, nicht um Leiden zu entgehen, sondern um Helfer, Lehrer und Retter der Menschheit zu werden und der Welt als Ganzes weiterzugeben, was sie von den Lehrern empfangen. Auf diese Jüngerschaft wird in allen heiligen Schriften der Welt hingewiesen.

Hier wollen wir uns nun mit den Qualifikationen für diese Pfade der Jüngerschaft beschäftigen, die der Mensch erworben haben muss, ehe seine Suche nach einem Lehrer, einem Guru, irgendeinen Erfolg haben kann. Das muss im gewöhnlichen Leben in der Welt geschehen, das als eine Schule zu benützen ist, um die vorbereitenden Lektionen zu lernen, welche den Menschen reif machen, die Füße der großen Lehrer zu berühren, die ihm zur wahren Wiedergeburt verhelfen sollen.

In allen exoterischen Religionen wird diese Wiedergeburt durch Zeremonien versinnbildlicht, die nicht so sehr um ihrer selbst willen heilig sind, sondern aufgrund dessen, was sie symbolisieren: Die wahre, echte »zweite Geburt«, die nicht bloß, wie in der Zeremonie, die in einer Brahmanen-Familie vom Familienvater gegenüber seinem Sohn ausgeführt wird, die Einweihung in eine äußere Kaste bedeutet, sondern die Einweihung in ein wahrhaft göttliches Leben. Diese Einweihung wird von einem mächtigen Guru vollzogen, sie kommt von dem großen Einweiher der Menschheit. Wir lesen von diesen Einweihungen in der Vergangenheit, wir wissen, dass es sie auch in der Gegenwart gibt. In Indien gibt es Tempel, unter denen sich die Stätten der alten Einweihungen befinden, Stätten, die jetzt vor den Augen der Menschen verborgen sind, die aber dennoch vorhanden und für diejenigen zugänglich sind, die sich als würdig erweisen, in sie einzutreten.

Nicht allein in Indien sind solche Orte zu finden. Auch das alte Ägypten hatte seine Einweihungskrypten, und in einigen Fällen stehen mächtige Pyramiden über diesen alten Stätten. Jene Einweihungen, von denen man in den geschichtlichen Aufzeichnungen Ägyptens und Griechenlands lesen kann und von denen berichtet wird, dass der eine oder andere der großen Philosophen sie empfing, fanden aber in jenen äußeren Gebäuden statt, welche den

Menschen bekannt waren und die wirklichen Einweihungstempel verdeckten. In diese konnte der Eintritt nicht durch äußeres Wissen erlangt werden, sondern nur durch die Erfüllung bestimmter Bedingungen, die seit Urzeiten bestanden und heute noch bestehen.

Ebenso wie die Geschichte Zeugnis für das tatsächliche Bestehen von Einweihungen ablegt, gibt sie auch Zeugnis von der wirklichen Existenz von Eingeweihten. An der Spitze aller großer Religionen standen Männer, die mehr als gewöhnliche Menschen waren. Männer, die den Völkern ihre heiligen Schriften gaben und sie die Umrisse ihres exoterischen Glaubens lehrten, die weit über ihre Mitmenschen hinausragten durch ihre spirituelle Weisheit und Einsicht, dank welcher sie schauten und das bezeugten, was sie sahen. Für alle diese großen Lehrer ist eines charakteristisch: Sie argumentieren nicht, sie verkünden. Sie diskutieren nicht, sie behaupten. Sie gelangen nicht durch logische Folgerungen zu ihren Schlüssen, sondern durch spirituelle Intuition. Sie treten mit einer Autorität auf, die sich in dem rechtfertigt, was sie sagen. Die Herzen der Menschen erkennen die Wahrheit ihrer Lehren, auch wenn diese höher sind, als ihr Intellekt ihnen zu folgen vermag. Denn das geistige Prinzip, an das jeder göttliche Lehrer appelliert, wohnt im Herzen eines jeden Menschen, und es antwortet auf die Wahrheit einer geistigen Lehre, auch wenn die Augen des Intellektes nicht scharf genug sind, um die Wirklichkeit dessen zu erkennen, was der Geist sieht.

Diese großen Gurus, die in der Geschichte der Menschheit als die größten Lehrer und weisesten Philosophen herausragen, sind die Eingeweihten, die mehr als Menschen geworden sind. Solche Eingeweihte gibt es auch heute, wie es sie immer gegeben hat. Sie haben sich im Laufe der Jahrtausende entwickelt, manche aus unserer Menschheit heraus, manche aus Menschheiten, die der unseren vorangegangen sind. Wenn der geistige Pfad beschritten und sein Ziel erreicht ist, dann ist es nicht mehr möglich, dass der Tod über einen solchen Menschen noch Macht hat. Darum ist schon die Tatsache, dass sie gelebt haben, eine Bürgschaft für ihre jetzige Existenz, auch ohne das Zeugnis jener, die sie in ihrem jetzigen Leben gefunden haben. Aber dadurch, dass auch heute immer wieder Menschen den Eingang zu diesem Pfad der Jüngerschaft finden, der »schmal ist wie die Schneide eines Rasiermessers«, können in der Gegenwart Zeugen auftreten, welche die Wahrheit der alten Schriften bestätigen.

Doch zuerst haben wir uns mit den Eigenschaften zu beschäftigen, die gefordert werden, ehe einem Strebenden der Zutritt zum geistigen Pfad gewährt wird. Die erste dieser Eigenschaften, die in beträchtlichem Maß vorhanden sein muss, ehe Jüngerschaft in irgendeinem Sinn möglich ist, wird die *Beherrschung des Verstandes* genannt.

Meine erste Aufgabe ist es daher, zu erklären, was Beherrschung des Verstandes bedeutet, was der Verstand ist, der beherrscht werden soll, und wer es ist, der ihn beherrscht. Wir dürfen dabei nicht vergessen, dass für die große Masse der Menschen der Verstand das ist, was den Menschen repräsentiert. Wenn er von »sich« spricht, meint er seinen Verstand. Er identifiziert sein »Ich« mit dem Verstand, mit dem bewussten Intellekt, der etwas erkennt. Wenn er sagt »ich denke, ich fühle, ich weiß«, so wird man bei näherer Betrachtung finden, dass er dabei nicht über die Grenzen seines Wachbewusstseins hinausgeht. Das ist es, was er in der Regel unter »Ich« versteht. Sicherlich, wer tiefer studiert hat, weiß, dass ein solches »Ich« eine Täuschung ist. Aber obwohl solche Menschen dies als eine intellektuelle These wissen, vergegenwärtigen auch sie es sich nicht als eine praktische Tatsache im Leben. Sie mögen es als Philosophen zugeben, aber sie leben es nicht als Menschen der Welt.

Um nun klar zu verstehen, was diese Beherrschung des Verstandes bedeutet, wollen wir uns kurz mit dem befassen, was man beim gewöhnlichen Menschen in der Welt Selbstbeherrschung nennt, und wir werden sehen, wie unzulänglich diese ist, wenn man sie mit jener Selbstbeherrschung vergleicht, die eine der Qualifikationen für die Jüngerschaft ist. Wenn wir von einem Menschen sagen, dass er selbstbeherrscht ist, dann meinen wir damit, dass sein Verstand stärker ist als seine Leidenschaften, dass seine intellektuelle Natur, sein Wille und seine Urteilskraft stärker sind als seine Emotionen: Er kann im Augenblick einer Versuchung zu der Anziehungskraft seiner Leidenschaften sagen : »Nein, ich will dem nicht nachgeben. Ich will nicht gestatten, dass ich von meinen Leidenschaften, von meinen Sinnen fortgerissen werde; diese Sinne sind bloß die Pferde, die meinen Wagen ziehen, aber ich bin der Fahrer. Ich werde ihnen nicht gestatten, in der Richtung zu galoppieren, in der sie es wünschen.« Das ist der gewöhnliche Sinn des Wortes Selbstbeherrschung. Diese Selbstbeherrschung ist eine bewundernswerte Eigenschaft, es ist ein Stadium, das jeder durchschreiten muss, und der unbeherrschte, ganz den Sinnen unterworfene Mensch hat viel zu leisten, ehe er diese Eigenschaft weltlicher Selbstbeherrschung erlangt. Aber es ist viel mehr nötig als dies.

Wenn wir von willensstarken und willensschwachen Menschen sprechen, dann meinen wir in der Regel damit, dass ein Mensch, der einen starken Willen hat, unter gewöhnlichen Umständen, etwa bei Versuchungen und Schwierigkeiten, seiner Vernunft und Urteilskraft gemäß seine Entscheidung treffen und sich von der Erinnerung an Vergangenes und den darauf beruhenden Schlussfolgerungen leiten lassen wird. Er ist nicht der Gnade der jeweiligen Verhältnisse ausgeliefert und nicht eine Beute augenblicklicher Impulse. Er gleicht nicht einem Schiff, das von Strömungen fortgerissen und von Winden umhergetrieben wird, sondern einem Schiff, das von einem Seemann gelenkt wird, der seine Arbeit versteht, der die Strömungen und Winde dazu benützt, um sein Schiff in die Richtung zu lenken, in die er zu fahren wünscht. Er benutzt das Steuerruder des Willens dazu, sein Schiff jenen Kurs nehmen zu lassen, den zu nehmen er bestimmt hat.

Es ist richtig, dass dieser Unterschied zwischen einem schwachen und einem starken Willen ein Kennzeichen wachsender Individualität ist. Ich erinnere mich, dass *H. P.*

Blavatsky in einem ihrer Artikel ausführte, man könne das Vorhandensein einer Individualität beim Menschen und ihr Fehlen bei niederen Tierarten leicht erkennen, wenn man beobachtet, wie sie unter bestimmten Verhältnissen handeln. Wenn man eine Anzahl von Wildtieren gleicher Art gleichen Verhältnissen aussetzt, so wird man finden, dass sie alle im Großen und Ganzen auf die gleiche Weise reagieren. Ihre Reaktion wird von den umgebenden Umständen bestimmt; keines richtet seine Handlungsweise darauf aus, die Umstände zu ändern, einen Umstand gegen den anderen auszunützen und sich einen Weg zu bahnen, den es selber wählt. Sie handeln alle gleich. Kennt man die Natur des Tieres und die Umstände, dann kann man aus der Reaktion von ein oder zwei Tieren auf die der ganzen Art schließen. Dies zeigt deutlich das Fehlen einer Individualität.

Nimmt man aber eine Anzahl Menschen, so kann man nicht im Voraus darauf schließen, dass sie alle gleich handeln werden, denn die einzelnen Individuen sind verschieden voneinander und handeln daher verschieden. Jeder hat seinen eigenen Willen und entscheidet daher auch anders. Der willensschwache Mensch hat weniger Individualität, er ist auf dem Weg der Entwicklung noch weniger weit fortgeschritten.

Angenommen nun, ein Mensch hat diese Beherrschung seiner Leidenschaften erreicht, dann kann er einen Schritt weitergehen, als bloß die niedere Natur durch die höhere zu beherrschen. Er kann beginnen, sich über die schöpferische Kraft des Denkens klar zu werden. Das schließt mehr in sich als das Denken des gewöhnlichen Menschen in der Welt, es setzt auch einige philosophische Kenntnisse voraus. Wenn er die großen heiligen Schriften Asiens studiert, wird er daraus eine bestimmte Vorstellung von der schöpferischen Macht des Denkens erlangen, und sobald er das erfasst, wird er auch erkennen, dass es noch etwas jenseits von dem gibt, was er seinen Verstand nennt. Wenn es eine schöpferische Kraft des Denkens gibt, wenn der Mensch durch den Verstand Gedanken erzeugen kann, dann muss es etwas geben, was sie erzeugt, was hinter dem Verstand verborgen liegt, der diese Gedanken hervorbringt. Die Tatsache allein, dass es eine solche schöpferische Macht des Denkens gibt, dass der Mensch seinen eigenen Verstand und den anderer durch diese schöpferische Kraft beeinflussen und schulen kann, genügt, um zu zeigen, dass es hinter dem Verstand noch etwas, von diesem sozusagen Trennbares, gibt, das ihn als Werkzeug verwendet. Mit dieser Einsicht dämmert es dem Lernenden, der sich selbst zu verstehen sucht, dass der Verstand, mit dem er sich zu befassen hat, sehr schwer zu behandeln ist, denn Gedanken kommen ungerufen und tauchen auf, ohne dass er sie wählt, und Vorstellungen ergreifen von ihm Besitz, die er sich ganz anders wünschte. Alle möglichen Fantasien kommen ihm in den Sinn, die er verbannen möchte, aber er ist ihnen gegenüber hilflos und kann sich nicht von ihnen befreien. Er findet sich gezwungen, über Gedanken weiter zu brüten, die seinen Verstand beherrschen und über die er keine Gewalt oder Autorität hat. Er beginnt nun, diese Gedanken zu beobachten und sich zu fragen: Woher kommen sie? Wie wirken sie? Wie können sie beherrscht werden? Allmählich lernt er, dass viele Gedanken, die ihm in den Sinn kommen, ihren Ursprung im Denken anderer Menschen haben und er, je nach der Richtung seines eigenen Denkens, aus der äußeren Gedankenwelt die Gedanken anderer anzieht. Umgekehrt beeinflusst er den Verstand anderer durch die Gedanken, die er erzeugt, und er beginnt zu verstehen, dass seine Verantwortung eine viel größere ist, als er es sich jemals hatte träumen lassen.

Vorher hatte er gedacht, dass er das Denken anderer nur beeinflusste, wenn er sprach, und er auf das Tun anderer nur dann durch sein Beispiel einwirkte, wenn er selbst handelte. Aber je mehr er lernt, desto mehr beginnt er zu verstehen, dass es eine unsichtbare Kraft gibt, die von einem Menschen, der denkt, ausgeht und auf das Denken anderer einwirkt. Auch die moderne Wissenschaft berichtet uns davon. Sie hat in vielen Experimenten herausgefunden, dass Gedanken ohne gesprochene Worte oder geschriebene Botschaften von

Gehirn zu Gehirn gesandt werden können. Es gibt in den Gedanken etwas Objektives, das beobachtet werden und gleich einer Schwingung andere Dinge zum Schwingen bringen kann.

Wenn dies aber so ist, dann wirken wir alle ohne Worte oder Taten durch unser Denken aufeinander ein. Die Gedanken, die wir erzeugt haben, gehen hinaus in alle Welt und wirken auf andere ein, und die Gedanken, die andere denken, kommen zu uns und beeinflussen ihrerseits unser Denken. Es wird klar, dass das selbstständige Denken meist nur einen geringen Platz im Leben des Menschen einnimmt, und das, was wir Denken zu nennen pflegen, meist ein bloßes Aufnehmen der Gedanken anderer Menschen ist. Tatsächlich gleicht der Verstand der meisten Menschen einer Raststätte, in der Wanderer eine Nacht verbringen. Die Gedanken kommen und gehen, und der Mensch steuert den Gedanken, die er empfängt, nur wenig Eigenes bei. Er empfängt sie, nimmt sie auf und lässt sie wieder weiterziehen. Was wir aber tun sollten, ist, mit Überlegung zu denken und mit einem dem Denken zugrunde liegenden Vorsatz, das, wozu wir uns entscheiden, auch auszuführen.

Aus welchem Grund ist diese Beherrschung des Verstandes, diese Kontrolle der Gedanken und diese Absicht, ihnen Einhalt zu gebieten, diese Weigerung, bloß die Gedanken anderer zu beherbergen, so wichtig? Warum sollte dies eine Voraussetzung für das Erreichen von Jüngerschaft sein? Sobald ein Mensch ein Jünger wird, erlangen seine Gedanken zusätzliche Kraft. Seine Individualität wächst und wird mächtiger, und jeder Gedanke, den er denkt, hat zunehmende Vitalität, Energie und Einfluss auf die äußere Welt der Menschen. Durch Gedanken kann der Mensch sowohl töten als auch Krankheiten heilen. Er kann eine ganze Volksmenge beeinflussen. Er kann eine sichtbare Täuschung erzeugen, durch die andere Menschen irregeführt werden. Da nun Gedanken eine so mächtige Kraft gewinnen, wenn die Individualität eines Menschen wächst, und da Jüngerschaft beschleunigtes Wachstum der Individualität bedeutet, ist es nötig, dass der Mensch seine Gedanken beherrschen lernt, ehe er diese zusätzlichen Kräfte gewinnt. Er muss lernen, allem Bösen in ihnen Einhalt zu gebieten und nur jenen das Verweilen zu gestatten, die rein, wohltätig und nützlich sind.

Beherrschung des Verstandes durch das Selbst ist daher zu einer Bedingung für die Jüngerschaft erhoben worden, denn ehe ein Mensch in den Besitz der vermehrten Kraft seiner Gedanken gelangt, die ihm aus den Lehren seines Gurus zukommt, muss er die Herrschaft über das Werkzeug errungen haben, durch das die Gedanken hervorgebracht werden. Sein Verstand darf nur das erzeugen, was er bestimmt, und darf nichts ohne seine volle Zustimmung hervorbringen.

An diesem Punkt werden viele Menschen eine gewisse Schwierigkeit empfinden. Sie werden fragen: »Was ist denn dieses Individuum, das ständig wächst, das Eigenwillen entwickelt und die Kraft zur Beherrschung des Verstandes, das nicht der Verstand ist, sondern größer ist als der Verstand?« Nehmen wir ein Beispiel aus der sichtbaren Welt, das uns helfen kann, uns eine Vorstellung davon zu machen. Stellen wir uns vor, wir kämen in eine Atmosphäre, die mit Wasserdampf übersättigt, aber so heiß ist, dass das Wasser unsichtbar bleibt, so dass der Raum leer erscheint. Scheinbar ist nichts da als nur Luft. Wenn aber ein Chemiker einen Teil dieser mit Dampf gesättigten Luft in einem Gefäß allmählich abkühlen würde, dann würden wir bemerken, wie aus dieser Leere ein schwacher Dunst entsteht, der bei weiterer Abkühlung immer dichter wird, bis sich schließlich ein Tropfen Wasser dort bildet, wo vorher nichts zu sehen war. Das ist eines der ungenauen physikalischen Beispiele, die man benützen kann, um die Bildung eines Individuums zu erläutern.

Aus dem Unsichtbaren, dem Einen, aus dem alles hervorgeht, tritt gleichsam eine schwache Wolke hervor, die sich verdichtet, sich von dem unsichtbaren Dampf absondert und, allmählich dichter werdend, schließlich zu dem individuellen Tropfen wird, den wir als ein Einzelwesen, ein Individuum, erkennen.

Aus dem Einen, welches das All ist, tritt das Getrennte und Besondere hervor, in seiner Natur eins mit dem All, seinem Wesen nach dasselbe, aber durch seinen Zustand abgetrennt und dadurch aus dem Ganzen heraus individualisiert. Die einzelne menschliche Seele ist eine solche Individualisierung aus dem *einen Selbst*. Sie wächst durch Erfahrungen, sie nimmt zu und entwickelt sich dadurch, dass sie Leben auf Leben hunderte Male immer wieder auf Erden geboren wird.

Was wir Verstand nennen, ist nur ein kleiner Teil, den dieses Individuum in die Welt der Materie hinaussendet. So wie eine Amöbe, wenn sie der Nahrung bedarf, einen Teil ihrer selbst hinausstreckt, um ein wenig nährende Materie aufzunehmen, und dann den hinausgestreckten Teil, der die Nahrung enthält, wieder in ihre eigene Substanz zurückzieht und sich dadurch ernährt, so streckt auch das Individuum eine Ausbuchtung seiner selbst in die physische Welt hinaus, um als Nahrung Erfahrungen zu sammeln und diese dann bei dem Geschehnis, das wir den

Tod nennen, wieder in sich zurückzuziehen und dadurch das eigene Wachstum zu ermöglichen. Der Verstand ist dieser in die physische Welt hinausgestreckte Teil, aber eben nur ein Teil der Seele. Unser Bewusstsein ist größer als der Verstand. Unsere ganze Vergangenheit hat sich in unserem Bewusstsein angesammelt, alle Erfahrungen, die wir durchgemacht, alle Erkenntnisse, die wir erworben haben, sind in diesem Bewusstsein, das unser wirkliches Ich ist. Bei unserer Geburt senden wir einen kleinen Teil unseres Selbst hinaus, um neue Erfahrungen zu sammeln und dieses Bewusstsein noch zu erweitern. Die Seele benützt diese Erfahrungen zu ihrem Wachstum, und in jedem Leben trachtet sie danach, aus ihrem eigenen weiteren Bewusstsein heraus diesen ausgesandten Teil zu beeinflussen. Was wir die Stimme des Gewissens nennen, ist nichts anderes als dieses größere Selbst, das zu dem niederen Selbst spricht und es in seiner Unwissenheit durch die Weisheit zu leiten versucht, die das höhere Selbst durch viele Leben erworben hat.

Aber wir wissen, dass es mit unserem niederen Selbst, dem Verstand, seine Schwierigkeiten hat. Erinnern wir uns, wie in der *Bhagavad-Gita* Arjuna vor Krishna klagt: »Manas (das Denkvermögen) ist wirklich ruhelos. Es ist ungestüm, stark und schwer im Zaum zu halten. Es scheint mir ebenso schwer zu fesseln wie der Wind.« Und das ist wahr, wie jeder weiß, der versucht hat, den Verstand zu zügeln. Aber erinnern wir uns auch, welche Antwort Krishna dem Arjuna gibt? »Zweifellos ist Manas schwer zu zügeln und ruhelos, aber es kann gezügelt werden durch stete Übung und durch Gleichmut.«

Es gibt keinen anderen Weg. Stete Übung – dies kann niemand anderer für uns tun. Kein Meister kann es für uns vollbringen. Wir selbst müssen es tun, und ehe wir nicht damit begonnen haben, ist es für uns unmöglich, einen Guru zu finden. Diese Worte sind die Worte eines Avatars, eines mächtigen Lehrers, der darin sagt, was getan werden muss und dass es getan werden kann. Wenn er sagt, dass es getan werden kann, dann meint er, dass es von einem Menschen vollbracht werden kann, der es ernstlich will. Denn er kennt die Kräfte der Menschen.

Was bedeutet nun: »Durch stete Übung.« Es bedeutet, dass wir in unserem täglichen Leben, im geschäftigen Leben der Menschen, beginnen müssen, unseren ruhelosen Verstand zu schulen und ihn unserem Willen zu unterwerfen. Versuchen Sie, einen Augenblick achtsam nachzudenken. Sie werden finden, dass Ihre Gedanken davoneilen. Was sollen Sie tun? Bringen Sie sie wieder zu dem Punkt zurück, an dem Sie sie festhalten wollen. Wählen Sie einen Gegenstand und denken Sie bestimmt und folgerichtig über ihn nach. Viele Asiaten haben bei dieser Schulung des Verstandes einen großen Vorteil – sie haben die alten Traditionen und das durch diese Traditionen geformte Erbgut. Für im Westen geborene Menschen ist es viel schwieriger, diese Ruhelosigkeit des Verstandes zu überwinden, weil im Westen die Beherrschung des Denkens nicht in gleicher Weise einen Teil der religiösen Erziehung bildet, weshalb die Menschen geneigt sind, von einem Gegenstand zum anderen zu flattern. So ist zum Beispiel – um ein alltägliches Bild zu wählen – die Gewohnheit des Zeitungslesens eines der Dinge, welche die Beherrschung des Verstandes sehr erschweren. Man fliegt von einem Gegenstand zum anderen. Die Gedanken wirbeln von England nach Frankreich oder Spanien, und dann nach Neuseeland oder Amerika. Hat man diese Spalte gelesen, findet man eine andere Art von Nachrichten: Berichte über bekannte Persönlichkeiten, Theateraufführungen und Gerichtsverhandlungen, und dann wieder Berichte über Sportveranstaltungen. Sie kennen alle den vielfältigen Inhalt der Zeitungen. Aber die Menschen verstehen nicht, welchen Schaden sie sich durch diese Verschwendung der Kräfte des Verstandes zufügen, wenn sie sie gewohnheitsmäßig für diese trivialen und unwichtigen Dinge vergeuden. Man kann in Europa Menschen finden, die täglich ein halbes Dutzend Zeitungen lesen, und das bedeutet mehr, als dass sie nur eine Zeit lang die Kräfte ihres Verstandes vergeuden. Wenn man sie Tag für Tag so zerflattern lässt, gewöhnt man sich daran und kann seine Gedanken schwer auf einen Punkt konzentrieren. Dazu kommt noch die Verschwendung der Zeit, die besser für höhere Dinge zu nutzen wäre. Damit ist nicht gemeint, dass wir als Menschen, die in der Welt leben, nicht wissen sollten, was in der Welt um uns vorgeht; aber es genügt vollkommen, *eine* Zeitung zu lesen, welche die wichtigeren Dinge der Welt behandelt, und sie ein paar Minuten lang ruhig durchzusehen. Wenn man weiß, wie man zu lesen hat, genügt das, soweit es diese äußeren Dinge betrifft, vollkommen.

Um gegen diese moderne Tendenz der Zerstreuung anzukämpfen, sollte man es aber zu einer Gewohnheit machen, täglich einige Zeit über einen Gegenstand folgerichtig nachzudenken und seine Aufmerksamkeit auf ihn zu konzentrieren. Man mache dies zu einer ernsten Schulung des Verstandes, täglich einen Abschnitt in einem Buch zu lesen, das von den tieferen Dingen des Lebens handelt, mehr vom Ewigen als vom Vergänglichen.

Man hefte sein Denken darauf, während man liest, und erlaube ihm nicht, herumzuwandern und sich zu zerstreuen. Wenn es abschweift, bringe man es zurück und hefte es wieder auf die gleiche Vorstellung. Auf diese Weise stärkt man sein Denkvermögen und fängt an, es zu beherrschen. Durch stete Übung lernt man, konzentriert den Weg zu verfolgen, den man ausgewählt hat.

Wenn man dies tut, bereitet man sich nicht nur für das höhere Leben vor, das uns offen steht, sondern auch in den gewöhnlichen Dingen des Lebens hat derjenige mehr Erfolg, der konzentriert denken kann. Wer klar und folgerichtig zu denken vermag, wird auch in der niederen Welt besser seinen Weg machen. Diese stete Übung in der Schulung des Verstandes ist also sowohl in dieser Welt als auch im größeren Rahmen nützlich. Allmählich wird man dann jene Beherrschung erlangen, die eine der Voraussetzungen für Jüngerschaft ist.

Der nächste weitere Schritt in dieser Schulung des Verstandes ist die *Meditation*. Meditation ist die überlegte und methodische Schulung des Verstandes in Konzentration und Beständigkeit des Denkens. Man muss sie täglich üben, denn dann kommt einem der sogenannte Automatismus von Körper und Psyche zur Hilfe. Was man täglich tut, wird zur Gewohnheit und geschieht nach einiger Zeit ohne Anstrengung. Was am Anfang schwerfällt, wird durch Übung leichter. Die Meditation kann zum Teil hingebungsvoll und zum Teil intellektuell in Angriff genommen werden, und wer klug ist, wird auf beide Arten meditieren. Er wird seinen Verstand konzentrieren und seine Gedanken auf das göttliche Ideal heften, auf den Lehrer, den er zwar jetzt noch nicht kennt, den er aber schließlich zu finden hofft. Wenn der Mensch sich dieses Ideal in der Meditation regelmäßig vor Augen hält, wird er anfangen, es widerzuspiegeln, ihm ein wenig ähnlich zu werden. Das ist eine der schöpferischen Kräfte des Verstandes – der Mensch wird das, worüber er nachsinnt. Wenn er täglich über das vollkommene Ideal des Menschseins nachdenkt, wird er beginnen,

diesem vollkommenen Ideal selbst entgegen-
zuwachsen. Wenn er sein Denken in dieser
Weise stetig auf dieses Ideal gerichtet hält, zu
ihm emporstrebt und sich bemüht, mit ihm
in Verbindung zu treten, wird er allmählich
finden, dass sein niederer Verstand während
der Zeit der Meditation zur Ruhe kommt, die
äußere Welt aus dem Bewusstsein schwindet
und das höhere Bewusstsein sozusagen von
innen heraus leuchtet; jenes Bewusstsein, das
der Individualität selbst zu eigen ist. Wenn
der niedere Verstand so beruhigt und seine
Rastlosigkeit bezwungen ist, wird er einem
stillen See gleich, dessen Wasser weder vom
Wind gekräuselt noch von Strömungen bewegt ist. Ein solcher See ist wie ein Spiegel,
auf dessen glatter Oberfläche sich die Sonne
spiegelt. Ebenso spiegelt sich das höhere
Bewusstsein in dem zur Ruhe gebrachten niederen Verstand. Dann weiß der Mensch, nicht
auf bloße Autorität hin, sondern aus eigener
Erkenntnis, dass er mehr ist als sein Verstand
und sein Bewusstsein größer ist als das vergängliche Bewusstsein seines Intellektes. Jetzt

wird es ihm möglich, damit zu beginnen, sich mit dem Höheren zu identifizieren, und, wenn auch zunächst nur auf Augenblicke, einen Schimmer von der Majestät des Selbst zu erhaschen.

In der *Chandogya-Upanishad* lesen wir: »Du bist Brahman.« Die Buddhisten sagen: »Du bist Buddha.« Der Sinn solcher Aussprüche kann nicht zu einer Tatsache in unserem Bewusstsein werden, ehe wir nicht durch Meditation den niederen Verstand zu einem Spiegel gemacht haben, in dem das Höhere sich widerspiegeln kann. Dann werden wir selbst bewusst zu diesem Höheren, und dann wissen wir, was jene großen Lehrer mit solchen Aussprüchen meinten, die die Behauptung der innewohnenden Göttlichkeit des Menschen in sich tragen. Wenn man dies Jahr um Jahr täglich in seiner Meditation übt, dann durchdringt es allmählich das ganze Leben und wird zu einem dauerndern Zustand. Zuerst ist es auf die Zeit der Meditation beschränkt, dann dehnt es sich auf das ganze Leben aus, das man in der Welt führt.

Vielleicht sagen Sie: »Wie kann ich mir dessen bewusst sein, während ich in der äußeren Welt geschäftig tätig bin? Wie kann ich das Bewusstsein des Höheren bewahren, während das Niedere in voller Tätigkeit ist?« Wissen Sie nicht, dass Sie, wenn Sie sich vor einem Altar verneigen, zwar den physischen Körper dazu benützen, um Ihre Blumen darzubringen, Ihr Denken dabei aber ganz auf die Gottheit selbst gerichtet halten? Ebenso können Sie in der äußeren Welt des menschlichen Lebens mit Ihrem Körper und Ihrem Intellekt die Blumen der Pflicht in Ihrer täglichen Arbeit darbringen und gleichzeitig doch selbst ständig in der Meditation und Anbetung konzentriert sein. Haben Sie es einmal gelernt, Ihr höheres Bewusstsein vom niederen, sich selbst von Ihrem Verstand zu trennen, dann werden Sie mehr und mehr die Kraft erlangen, mentale Tätigkeiten auszuüben, ohne das wahre »Ich« dabei zu verlieren. Ihr Verstand wird die ihm zukommenden Pflichten vollkommen erfüllen, während das Selbst in erhabenerer Höhe bleibt. Sie werden das innere Heiligtum nie verlassen, wie geschäftig auch Ihr Leben in der äußeren Welt sein mag. Auf diese Weise bereiten Sie sich für den geistigen Pfad vor.

Es gibt noch eine weitere Stufe, auf die wir einen kurzen Blick werfen müssen – das, was ich die intellektuelle Seite der Meditation nennen möchte, die mit dem allmählichen und bewussten Aufbau des Charakters befasst ist. Wenden wir uns dazu noch einmal der großen Abhandlung über Karma-Yoga in der *Bhagavad-Gita zu*. Im sechzehnten Abschnitt finden wir dort eine lange Liste von Eigenschaften, die der Mensch in sich entwickeln muss, damit er in Zukunft schon mit ihnen geboren wird. Sie werden die *»göttlichen Eigenschaften«* genannt.

Eine dieser Eigenschaften ist zum Beispiel *Reinheit.* Wie kann ein Mensch Reinheit in sich entfalten? Indem er des Morgens bei seiner Meditation Reinheit zum Thema macht, darüber nachsinnt und sich ihre Bedeutung vor Augen führt. Keine gedankliche Unreinheit darf ihn berühren, keine unreine Tat ihn beflecken. Er muss rein sein in Tat, Wort und

Gedanken, das ist seine dreifache Pflicht, und das ist auch im tieferen Sinne das, was die dreifache Schnur des Brahmanen bedeutet. Am Morgen denkt er an Reinheit als an eine wünschenswerte Eigenschaft, die er zu erlangen hat. Wenn er in die Welt hinausgeht, trägt er die Erinnerung an seine Meditation mit sich. Er beobachtet sein Tun und erlaubt keiner unreinen Handlung, seinen Körper zu beflecken. Er achtet auf seine Worte, er spricht kein unlauteres Wort und erwähnt in seinen Gesprächen kein unreines Thema. Jedes seiner Worte ist rein, so dass er auch wagen könnte, es in Gegenwart des Meisters zu sprechen, dessen Auge den geringsten Flecken der Unreinheit sieht, der einem gewöhnlichen sterblichen Auge entgehen würde.

Sein Denken ist rein. Er gewährt keinem unreinen Gedanken Einlass. Wenn ihm ein solcher in den Sinn kommt, vertreibt er ihn sofort. Da er weiß, dass ihm ein solcher Gedanke nicht hätte in den Sinn kommen können, wenn ihn nicht etwas in ihm selbst angezogen hätte, so läutert er seinen Verstand, damit kein unreiner Gedanke irgendeines anderen mehr Einlass finden kann. So achtet er den ganzen Tag auf diesen Punkt.

Ein anderes Mal wird er *Wahrheit* als Gegenstand seiner Morgenmeditation wählen. Er wird über Wahrheit nachdenken, über ihren Wert in der Welt und in der menschlichen Gesellschaft sowie für seinen eigenen Charakter. Wenn er dann in die Welt hinausgeht, wird er nichts tun, was einen falschen Eindruck erwecken könnte, und kein Wort sprechen, das eine unrichtige Vorstellung vermitteln würde. Er wird nicht nur nicht lügen, sondern auch jede Ungenauigkeit vermeiden, denn beim Erzählen von etwas, was man gesehen hat, ungenau zu sein, bedeutet, ebenfalls eine Unwahrheit zu sagen. Wer ein Jünger werden will, muss sich auch jeder Übertreibung und jedes Ausmalens einer Geschichte enthalten, also von allem, was nicht vollkommen mit den Tatsachen, soweit er sie kennt, übereinstimmt. Auch sein Denken muss so wahr sein, wie er es vermag, und kein Schatten von Falschheit darf seinen Verstand trüben.

Ebenso ist es auch mit dem *Mitgefühl*. Er wird am Morgen über Mitgefühl meditieren und während des ganzen Tages versuchen, es zu üben. Er wird sich allen Menschen in seiner Umgebung freundlich zeigen und seiner Familie, seinen Freunden und seinen Nachbarn gegenüber dienstbereit sein. Wo er Not sieht, wird er versuchen, sie zu lindern, wo er Kummer sieht, wird er versuchen zu trösten, und wo er Elend sieht, wird er versuchen, es zu erleichtern. Er wird das Mitgefühl leben und es nicht nur denken und es so zu einem Teil seines Charakters machen.

Gleiches gilt für die *Standhaftigkeit*, die innere seelische Stärke. Er wird über den Adel eines innerlich kraftvollen Menschen nachdenken, den keine äußeren Umstände niederdrücken oder erheben können, der weder über Erfolge jubelt noch sich bei Misserfolgen unglücklich fühlt, der nicht der Gnade der Umstände ausgeliefert und heute traurig ist, weil die Dinge schwierig erscheinen, und morgen froh, weil sie sich als leicht erweisen. Er ist vielmehr stets gleichmütig und stark er selbst. Geht er dann in die Welt hinaus, so übt er dies. Wenn Schwierigkeiten und Sorgen auftreten, besinnt er sich auf das Ewige, in dem es keine Sorgen gibt. Erleidet er Verluste, dann denkt er an den Reichtum der Weisheit, den niemand ihm nehmen kann. Wird ihm ein Freund durch den Tod entrissen, erinnert er sich daran, dass keine lebendige Seele sterben kann, und der Körper, der stirbt, nur das Kleid ist, das weggeworfen wird, wenn es abgetragen ist. Er weiß, er wird seinen Freund in einem anderen Kleid dereinst wiederfinden.

Dasselbe gilt für alle anderen Tugenden, wie *Selbstbeherrschung*, *Friedlichkeit* und *Furchtlosigkeit*. Über alle diese wird er nachdenken und sie ausüben. Aber nicht über alle auf einmal. Kein Mensch, der in der Welt lebt, würde genügend Zeit aufbringen können, um täglich über jede von ihnen zu meditieren. Aber nehmen Sie sie eine nach der anderen und bauen Sie sie in Ihren Charakter ein! Arbeiten Sie stetig daran und scheuen Sie sich nicht, Zeit und Mühe darauf zu verwenden! Alles, was

Sie aufbauen, bauen Sie für die Ewigkeit auf, und es ist wohl angemessen, im Zeitgeschehen geduldig zu sein, wenn sich die Ewigkeit vor uns ausbreitet. Aber Meditation und Praxis müssen Hand in Hand gehen und einen Teil des täglichen Lebens bilden. Eines von beiden allein genügt nicht, um den Charakter zu formen.

Ein Mensch, der sich auf diese Weise geschult hat, der dabei das Äußerste getan hat, was er vermag, um sich geeignet zu machen, der wird auch den Lehrer finden, den er sucht; oder richtiger, der Lehrer wird ihn finden und sich seiner Seele offenbaren. Glauben Sie, dass die Lehrer es wünschen, verborgen zu bleiben, und sich absichtlich vor den Augen der Menschen verbergen und die Menschheit hilflos auf ihrem Wege straucheln lassen, ohne den Wunsch, ihr zu helfen und sie zu führen? Ich sage Ihnen, so sehr Sie im Augenblick auch wünschen mögen, Ihren Lehrer zu finden – der Lehrer ist noch tausendmal beständiger in seinem Verlangen, Sie zu finden! Wenn die Lehrer über die Welt blicken, sehen sie, wie viele Helfer nötig wären – und wie wenige zu finden sind. Die großen Lehrer suchen Schüler, die in der Erdenwelt leben und, durch sie geschult, den Leidenden Hilfe sowie den Unwissenden Erkenntnis bringen. Sie schauen ständig nach Seelen aus, die willig und bereit sind, sie zu empfangen, die die Türen ihrer Herzen nicht vor ihnen verschließen. Unsere Herzen sind in der Tat vor ihnen verriegelt, so dass sie nicht eintreten können, und sie dürfen sich nicht mit Gewalt Einlass verschaffen. Wenn ein Mensch seinen eigenen Weg wählt und die Türen verschließt, darf kein anderer den Schlüssel drehen. Wir sind verschlossen durch unser Verlangen nach den Dingen der Erde. Wir sind verschlossen mit den Schlüsseln der Sünde, der Gleichgültigkeit und der Trägheit, und der Lehrer steht und wartet, bis die Tür geöffnet wird, damit er die Schwelle überschreiten und den Geist erleuchten kann.

Wenn Sie nun fragen: »Wie können die Großen unter den Myriaden von Menschen eine einzelne Seele erkennen, die für sie arbeitet und sich für ihr Kommen vorbereitet?«, so wurde die Antwort darauf einmal in Form eines Bildes gegeben. Wie ein Mensch, der auf der Spitze eines Berges steht und im Dunkel auf das unter ihm liegende Tal blickt, das Licht in einer einzelnen Hütte sieht, weil es aus der sie umgebenden Dunkelheit herausleuchtet, so leuchtet die Seele, die sich bereit gemacht hat, genauso aus der Dunkelheit der sie umgebenden Welt heraus. Dieses Licht zieht das Auge des Beobachters auf dem Berg auf sich und erregt seine Aufmerksamkeit. Man muss seine Seele erleuchten, damit der Lehrer sie sehen kann. Er steht und hält Ausschau, aber wir müssen das Zeichen geben, damit er unser Lehrer werden und uns auf dem Pfad führen kann.

Die Not der Welt ist groß, und die Lehrer suchen hingebungsvoll Schüler, um sie zu lehren. Aber nur wir haben die Macht, sie auf uns aufmerksam zu machen. Wer dem geistigen Pfad folgt, den wir beschrieben haben, wer Stufe um Stufe lernt, sein Denken zu beherrschen, Meditation zu üben und seinen

Charakter auszubilden, der spricht das dreifache Wort, das dem Lehrer die Herzenstür
öffnet, das ihm die Möglichkeit gibt, sich zu
offenbaren. Wenn dieses Wort in der Stille
der Seele geflüstert wird, dann erscheint der
Meister vor ihr, und die Seele hat den Weg zu
den Füßen des Lehrers gefunden.

3.

DAS LEBEN DES JÜNGERS

DER PROBEPFAD

In den beiden vorhergehenden Abschnitten haben wir uns mit dem Leben der Menschen in der Welt befasst und gezeigt, wie sie sich in diesem gewöhnlichen Leben allmählich für die höheren Stufen der Entwicklung vorbereiten können. Jetzt müssen wir uns außerhalb des menschlichen Lebens im gewöhnlichen Sinne des Wortes stellen – nicht im Hinblick auf dessen äußere Erscheinung, sondern insofern, als nun die Wirklichkeit des inneren Lebens Gegenstand unseres Studiums ist. Die Stufen der menschlichen Entwicklung, mit denen wir uns jetzt zu befassen haben, sind ganz bestimmte, fest umrissene Stufen, die den Menschen aus dem Leben der Welt in das Leben der höheren Sphären führen, heraus aus dem gewöhnlichen Menschentum, und hinein in ein Menschendasein, das göttlich ist. Unsere Aufgabe wird darum schwerer, denn hier müssen nun höhere Fähigkeiten ins Spiel gebracht werden, und um die diesbezüglichen Lehren zu begreifen, muss man wenigstens bis zu einem gewissen Grad die in den vorigen Abschnitten beschriebene Läuterung und Ausbildung des Charakters erfüllt haben.

Wir behandelten den Weg des Strebenden bis zu dem Punkt, an dem ein Mensch, nachdem er danach getrachtet hat, seine Lebensweise zu bessern und seine Gedanken zu beherrschen, die Aufmerksamkeit eines großen Lehrers auf sich gezogen hat, so dass er nun mit den ersten Stufen der Jüngerschaft beginnen kann. Diese ersten Stufen bestehen aus dem, was man den »*Probepfad*« genannt hat, das ist die Stufe des Jüngers zur Probe, unterschieden von der des angenommenen Schülers. Auf dem Probepfad sind zwar auch schon gewisse Abschnitte zu erkennen, und es müssen gewisse Eigenschaften erworben werden, aber sie sind noch nicht so bestimmt umrissen wie auf dem eigentlichen Pfad der Schülerschaft. Von einem Probeschüler wird nicht erwartet, dass er alles, was er zu üben beginnt, schon vollkommen ausführt. Es genügt, wenn es ihm ernst ist, wenn seine Bemühungen anhaltend sind, wenn er seinen Sinn nicht ändert und das Ziel nicht aus den Augen verliert. Seiner menschlichen Schwäche und dem Mangel an Erkenntnis, der seinen Fortschritt hindert, werden noch viele Zugeständnisse gemacht. Die Prüfungen, die er zu bestehen hat, sind solche, denen man im gewöhnlichen Leben unterworfen ist. Sie sind nicht von jener besonderen Art, die zum endgültigen Pfad gehören. Dem Probejünger wird dabei zwar von seinem Lehrer bis zu einem gewissen Grad geholfen, aber diese Tatsache ist ihm meist in seinem Wachbewusstsein nicht bekannt. Es scheint ihm, als ob er diesen Weg ganz allein gehen müsse, nur auf seine eigene Kraft angewiesen. Das ist allerdings nur eine Täuschung, die auf seine Blindheit und Unwissenheit zurückzuführen ist, denn die Augen seines Meisters ruhen auf ihm, und auf den höheren Ebenen wird ihm immer geholfen, wenn er sich daran auch im Wachbewusstsein nicht klar erinnern wird.

Die erste Eigenschaft, die der Mensch auf dem Probepfad ausbilden muss, ist ein Ergebnis der von ihm gemachten Erfahrungen – *Viveka*, die Kraft der Unterscheidung zwischen dem Wirklichen und dem Unwirklichen, zwischen dem Ewigen und dem Vergänglichen. Solange er die Fähigkeit zu dieser Unterscheidung nicht erlangt hat, bleibt er durch Unwissenheit an die Erde gebunden, und die weltlichen Dinge üben ihre verführerische Macht auf ihn aus. Seine Augen müssen geöffnet werden, und er muss den Schleier der Maya durchdringen, zumindest so weit, dass er die irdischen Dinge nach ihrem wahren Wert einzuschätzen vermag.

Aus Viveka wird die zweite Eigenschaft geboren – *Vairagya*, die Wunschlosigkeit. Wir haben schon darauf hingewiesen, dass der Mensch darauf hinarbeiten muss, sich von den Früchten seines Wirkens zu lösen. Er muss lernen, seine Arbeit als Pflicht zu tun, ohne fortwährend nach einem persönlichen Gewinn dabei auszuschauen. Es ist anzunehmen, dass ein Mensch sich schon durch viele Leben hindurch bemüht hat, sich in dieser Weise zu schulen, ehe nun die Anforderung an ihn gestellt wird, irdischen Dingen gegenüber endgültig gleichmütig zu werden, eine Anforderung, der in beträchtlichem Maß entsprochen sein muss, ehe Einweihung möglich ist. Gleichmut gegenüber irdischen Dingen, Vairagya, ist die zweite Qualifikation auf dem Probepfad der Schülerschaft. Er hat Viveka entwickelt, und das bedeutet, wie wir gesehen haben, die Unterscheidung zwischen Wirklichem und Unwirklichem, zwischen Vergänglichem und Dauerndem. In dem Maß, in dem der Mensch in seiner Psyche das Wesen des Wirklichen und Dauernden klar empfindet, verlieren die weltlichen Dinge unvermeidlich ihre Anziehungskraft, und er wird ihnen gegenüber endgültig gleichmütig. Wenn das Wirkliche erblickt wird, befriedigt das Unwirkliche nicht mehr. Wenn das Dauernde auch nur für einen Augenblick erkannt wird, scheint das Vergängliche nicht mehr erstrebenswert. Auf dem Probepfad verlieren alle Dinge um uns ihre Anziehungskraft, und es bedeutet für den Menschen keine Mühe mehr, sich von ihnen abzuwenden. Es erfordert keine überlegte Anstrengung mehr, nicht mehr um der Früchte willen zu arbeiten. Langsam stirbt die Wurzel des Verlangens ab, und die Dinge selbst wenden sich, wie es in der Bhagavad-Gita heißt, von dem enthaltsamen Bewohner des Körpers ab. Es ist weniger ein überlegtes Entsagen seinerseits, vielmehr haben die Dinge die Macht verloren, ihn in irgendeine Weise zu befriedigen. Sobald die Dinge in ihrem vergänglichen Charakter erkannt werden, ist es ganz natürlich, dass aus der Gleichgültigkeit ihnen gegenüber als selbstverständliche Folge auch das erwächst, wonach der Jünger schon so lange strebte, die Gleichgültigkeit gegenüber ihren Früchten; denn diese Früchte sind nur selbst wieder andere Dinge. Die Früchte fallen ebenfalls unter Vergänglichkeit und Unwirklichkeit, die er erkannt hat, als er das Wirkliche und Dauernde erblickte.

Als Nächstes muss dann die dritte der Qualifikationen auf dem Probepfad errungen werden. Sie wird im Sanskrit *Shatkasampatti* genannt, es ist die sechsfache Gruppe mentaler Eigenschaften oder Fähigkeiten, die im Leben des Kandidaten für die Schülerschaft zum Ausdruck kommen müssen.

Er hat schon lange Zeit nach den besprochenen Methoden geübt, um echte Selbstbeherrschung zu erlangen, Meditation zu praktizieren und am Aufbau seines Charakters zu arbeiten. Dies hat ihn darauf vorbereitet, in seinem eigentlichen, wirklichen Selbst – und nur mit diesem sind wir befasst, nicht mit der trügerischen Erscheinung – *Shama*, die definitive Beherrschung des Verstandes, zu erringen, das bestimmte Verstehen der Wirkung seiner Gedanken und seiner Beziehung zu der Welt, die um ihn ist und die er durch sein Denken zum Guten oder zum Bösen beeinflusst. Durch die Erkenntnis dieser Kraft, die in seinem Besitz ist und durch die er das Leben anderer Menschen fördert oder hindert, ja der Entwicklung der ganzen Menschheit hilft oder sie hemmt, wird er zu einem bewussten Arbeiter für den Fortschritt der Menschheit und aller sich entwickelnden Wesen im Bereich der Welt, der er angehört. Diese Regelung seines Denkens, die jetzt zu einer endgültigen Haltung seines Intellektes wird, macht ihn fähig zu endgültiger Schülerschaft, in der jeder Gedanke zu einem Werkzeug für die Arbeit des Meisters gemacht werden und das Denken anstrengungslos entlang jener Gleise laufen muss, die der Wille dafür vorgezeichnet hat.

Aus einer solchen Beherrschung des Denkens folgt dann unweigerlich *Dama*, die Beherrschung der Sinne und des Körpers, die wir auch eine Beherrschung des Verhaltens nennen können. Vom geistigen Standpunkt betrachtet, erscheinen die Dinge in umgekehrter Reihenfolge gegenüber der weltlichen Betrachtungsweise. Der Weltmensch hält mehr vom äußeren Verhalten als vom Denken. Für den Esoteriker ist das Denken weit wichtiger als das äußere Verhalten. Wenn der Mensch recht denkt, muss daraus unweigerlich ein lauteres Verhalten folgen. Wenn das Denken beherrscht ist, wird es auch das äußere Verhalten sein; denn die äußere Erscheinung oder Handlung ist nur das Übertragen des inneren Denkens in die Welt der Formen, in der es die Gestalt einer Handlung annimmt. Aber jede Form hängt von dem ihr innewohnenden Leben ab, jede Gestalt von der formenden Energie, die sie erzeugt. Die formlose Welt ist die Welt der Ursachen, die Formenwelt nur jene der Wirkungen. Wenn wir daher unsere Gedanken regeln, dann wird dadurch notwendigerweise auch unser Verhalten geregelt, das nur der natürliche und unvermeidliche Ausdruck des Denkens ist.

Die dritte mentale Eigenschaft, die das Verhalten des inneren Menschen kennzeichnet, ist *Uparati*, am besten vielleicht übersetzt als weitherzige, edle und ständige Toleranz. Ich gebrauche das Wort dabei im weitesten Sinne, den man ihm geben kann – Toleranz gegenüber allem, was den Menschen umgibt. Es ist eine Art erhabener Geduld, die fähig ist, zu warten und zu verstehen, und die daher von niemandem mehr verlangt, als er zu geben vermag. Das ist wieder die Vorbereitung für eine sehr bestimmte Stufe auf dem Weg der vollen Schülerschaft. In dieser Haltung vermag der Jünger gegen jedermann und gegen alles Nachsicht zu üben. Er sieht die Menschen nicht, wie sie äußerlich erscheinen, sondern wie sie innerlich sind, mit allen ihren Bestrebungen, Wünschen und Beweggründen, und beurteilt sie nicht nach der ungeschickten, fehlerhaften Ausdrucksweise, in der sie sich oft in der äußeren Welt zeigen. Er lernt auch, duldsam gegenüber den verschiedenen Formen von Religion, Gebräuchen und Überlieferungen zu sein. Er versteht, dass das alles nur vorübergehende Phasen sind, aus welchen die Menschen schließlich herauswachsen, und er ist nicht so unvernünftig, von einer kindlichen Menschheit jene Weite und Würde zu erwarten, welche das Menschentum in seiner Reife kennzeichnet. Diese Geisteshaltung muss von dem Jünger, der sich der Einweihung nähert, ständig gepflegt werden. Er muss diese Duldsamkeit dadurch gewinnen, dass er Einsicht in die Wahrheit erlangt und überall auch das zu erkennen vermag, was hinter dem Schleier irreführenden Scheines liegt. Das ist die große Veränderung, die auf dem Probepfad im Menschen vor sich geht – er wird nicht mehr durch Erscheinungen getäuscht wie in früheren Tagen. Er erschaut die Wirklichkeit und befreit sich von Täuschungen. Er erkennt die Wahrheit, in was für einer verborgenen Form sie auch immer erscheinen mag.

Das nächste Merkmal in seinem mentalen Verhalten ist *Titiksha*, ein standhaftes Ertragen von allem, was kommt, ein gänzliches Fehlen von Unmut und Empfindlichkeit – Empfindlichkeit gegenüber Menschen, gegenüber den Verhältnissen, gegenüber allem, was ihn im Leben umgibt. Weshalb? Der innere Mensch sieht die Wahrheit und kennt das Gesetz, und er weiß daher, was immer für Verhältnisse ihn umgeben mögen, sie sind die Ergebnisse des guten Gesetzes, und was immer die Menschen ihm antun mögen, sie sind nur die unbewussten Mittler des Gesetzes. Er weiß, was ihm das Leben auch bringen mag, er hat es selbst in der Vergangenheit geschaffen. So ist er frei von jeglichem Unmut. Er begreift die Gerechtigkeit und kann sich daher über nichts erzürnen, denn es kann ihm nichts zustoßen, das er nicht verdient hat, nichts, das er sich nicht in früheren Leben selbst in den Weg gestellt hat. Keine Freuden und keine Sorgen können ihn darum von seinem Weg abbringen. Er sieht diesen Weg und beschreitet ihn. Er sieht das Ziel und strebt darauf zu. Weder Mattigkeit noch Öde und Leere können ihn entmutigen, niemand kann ihn mehr verlocken, von seinem Weg abzuirren. Er hört nur noch auf die Stimme des *einen* Lehrers, zu dessen Füßen er zu gelangen versucht.

Die Unfähigkeit, noch vom Pfad abgelenkt zu werden, sowie standhafte Ausdauer sind in der Tat Eigenschaften, die in der Probezeit nötig sind. Der Mensch beabsichtigt nunmehr, in einer sehr beschränkten Zahl von Leben das zu vollbringen, was die Menschheit im Allgemeinen in Hunderten von Leben vollbringen wird. Er gleicht einem Menschen, der den geraden Weg zum Gipfel eines Berges wählt und es ablehnt, auf der Straße zu gehen, die sich in Serpentinen hinaufwindet. Ein solcher Mensch ist entschlossen, statt den leichten, ausgetretenen Weg zu gehen, es mit allen Schwierigkeiten und Hindernissen aufzunehmen, die sich ihm auf dem direkten Pfad entgegenstellen werden. Es gilt, Abgründe zu überqueren, Felswände zu erklettern und sich durch nichts abschrecken zu lassen, bis er den Gipfel erreicht hat.

So ist es auch mit dem Jünger, der den Probepfad betritt. Was er dadurch an Zeit gewinnt, dass er den kürzeren Weg zum Gipfel des Berges einschlägt, muss er an Mühe und Schwierigkeit des Vollbringens bezahlen. Er ruft durch seine Wahl die Gesamtheit seines vergangenen Karmas auf sich herab, das er größtenteils hinter sich gebracht haben muss, ehe er zur Einweihung reif ist. Ist es da zu verwundern, wenn ihm Schwierigkeiten auf seinem Weg erwachsen? Das Karma, das sich über Hunderte von Leben verteilt hätte, muss nun in ganz wenigen, vielleicht sogar in nur einem einzigen Leben durchgestanden werden, und so ist der Weg natürlich schwer zu beschreiten. Familienkonflikte werden sich um den Jünger häufen, berufliche Schwierigkeiten ihn bedrängen, Sorgen der Seele und Krankheiten des Körpers ihn bedrücken. Ist es zu verwundern, dass er dafür wahre Standhaftigkeit benötigt, um durchzuhalten und sich nicht entmutigen zu lassen? Es mag ihm scheinen, als ob alles sich gegen ihn wenden würde, als ob selbst sein Meister ihn verlassen hätte. Warum kommen gerade jetzt, da er versucht, sein Bestes zu tun, da er ein edleres Leben lebt als je zuvor, alle diese Schwierigkeiten und Leiden über ihn? Alles erscheint so ungerecht und grausam. Aber er muss diese Prüfung bestehen. Er darf sich nicht gestatten, dass irgendein Gefühl der Ungerechtigkeit in sein inneres Leben eindringt, sondern muss sich sagen: »Ich selbst habe das verursacht. Ich habe mein Karma herausgefordert. Es darf mich nicht wundern, wenn nun von mir verlangt wird, es abzutragen.« Ein Gedanke kann ihn dabei ermutigen: Eine einmal gezahlte Schuld ist für immer gezahlt und kann nicht noch einmal wiederkommen, um ihn zu quälen. Jede einmal beglichene Schuld ist aus der Buchhaltung des Lebens für immer gestrichen. Wenn darum Krankheit ihn niederstreckt oder Schmerzen und Sorgen ihn befallen, dann denkt er und sagt sich: »Es ist gut so. Nun wird das bald hinter mir in der Vergangenheit liegen und nicht mehr in der Zukunft vor mir!« So kommt es, dass er inmitten seines Kummers fröhlich ist, inmitten alles Entmutigenden voller Hoffnung und gelassen in seinen Schmerzen. Der innere Mensch ist einverstanden mit dem Gesetz, und er ist befriedigt über die Antwort, die sein Sehnen gefunden hat. Wäre keine Antwort gekommen, dann würde das bedeuten, dass seine Stimme das Ohr der Großen nicht erreicht hätte, denn diese Schwierigkeiten sind ja die Antwort auf seine Bitte.

Durch all diese Kämpfe, Schwierigkeiten und Mühen erwirbt er die fünfte mentale Eigenschaft – *Shraddha*, gläubiges Vertrauen in seinen Meister und in sich selbst. Denn am Ende dieses Kampfes muss Vertrauen kommen, gleichwie eine Blume sich unter dem Einfluss von Sonne und Regen öffnet. Er hat gelernt, seinem Lehrer zu vertrauen, denn hat ihn dieser nicht den ganzen dornigen Weg hindurch geleitet und ihn zum anderen Ende gebracht, wo die Pforte der Einweihung sich vor ihm zu öffnen beginnt? Er hat gelernt, sich selbst zu vertrauen, nicht seinem niederen Selbst, dessen Schwachheit er besiegt hat, sondern seinem göttlichen Selbst, dessen Stärke er zu erkennen beginnt. Er hat jetzt verstanden, dass jeder Mensch göttlich ist. Er weiß, dass das, was sein Meister heute ist, er selbst in den Leben, die sich noch vor ihm erstrecken, werden wird. Er vertraut in die Kraft und Weisheit seines Lehrers, ihn zu führen und zu belehren. Er vertraut, demütig, aber doch voll Stärke, darauf, dass auch er die Kraft hat, das Ziel zu erreichen, da auch er göttlich ist. Wie groß auch die Anstrengung sein mag, die noch nötig ist, wie viele Schwierigkeiten auch noch bleiben mögen, die überwunden werden müssen, die Kraft, die ihm innewohnt, ist eins mit Brahman, und sie genügt, um jede Schwierigkeit zu überwinden und jede Prüfung zu bestehen.

Die sechste mentale Eigenschaft ist *Samadhana*, Gleichmut, Gelassenheit, Seelenfrieden, jenes Gleichmaß und jene Stetigkeit, die das Ergebnis des Erreichens der vorher beschriebenen Eigenschaften darstellen. Sobald auch dieses letzte mentale Attribut der Charakterbildung erworben wurde, ist der Probepfad durchschritten. Der Kandidat steht vor dem Tor, und ohne weitere Anstrengung erscheint in ihm die letzte der Qualifikationen: *Mumukshu.*

Dies ist das Verlangen nach Befreiung, welches, die langen Anstrengungen des Kandidaten krönend, beweist, dass er reif für die Einweihung ist. Er ist geprüft worden und hat die Prüfung bestanden. Seine Unterscheidungskraft ist scharf, sein Gleichmut ist nicht bloß die Folge vorübergehender Enttäuschungen, sein intellektueller und moralischer Charakter ist edel. Mehr wird von ihm nicht verlangt. Er ist reif, seinem Meister von Auge zu Auge gegenüberzutreten und dem Leben, nach dem er so lange gestrebt hat, ins Angesicht zu schauen.

Ehe wir nun weiterschreiten und dem Kandidaten durch das Tor der Einweihung folgen, ist es gut, noch einmal zurückzublicken und zu sehen, was es war, was der Kandidat auf dem Probepfad erlernen musste. Es waren keine Siddhis, keine Kräfte einer abnormen psychischen Entwicklung. Derartiges wird nicht verlangt und ist auch nicht erforderlich. Ein Mensch kann sich einige der Siddhis angeeignet haben und trotzdem noch nicht reif für die Einweihung sein. Aber die moralischen Qualifikationen dafür *muss* er besitzen. Diese werden mit einer unerbittlichen Strenge verlangt, die das Ergebnis von Erfahrung ist. Die großen Gurus haben die Menschheit schon seit Myriaden von Jahren Schritt um Schritt geleitet, und sie wissen, dass die Qualifikationen für die wahre Jüngerschaft den Intellekt und den moralischen Charakter betreffen und nicht eine sogenannte psychische Entwicklung. Letztere wird zur gegebenen Zeit hinzukommen. Aber um ein anerkannter Schüler werden zu können, muss das Denken und der moralische Charakter des Jüngers vor dem Blick

des Gurus bestehen können. Dies erfordert zugleich Wissen und Hingabe – wachsendes Wissen, damit der Mensch sehen kann, und Hingabe, ohne die der Pfad nicht beschritten werden kann. Mit Hingabe verbundenes Wissen sind, wie die Upanishaden sagen, die beiden Flügel, mit deren Hilfe sich der Jünger emporschwingt.

Die fünf Einweihungen

Wir kommen nun zum geistigen Pfad selbst. Über die großen Einweihungen, welche die Stufen dieses Pfades bezeichnen, sind von den Lehrern von Zeit zu Zeit Andeutungen gemacht worden, die weitergegeben werden dürfen, nicht um bloße Neugierde zu befriedigen, sondern zur Unterrichtung derer, die sich auf diese großen Schritte gut vorbereiten möchten. Was darüber gesagt, was von den großen Mysterien in der Welt enthüllt werden kann, muss sich naturgemäß auf unvollkommene Bruchstücke beschränken. Viele Fragen müssen offen bleiben.

Zwei große Lehrer ragen in der Geschichte hervor, die mehr Auskunft über diesen Gegenstand gegeben haben als andere. Jeder der beiden war der Lehrer einer großen Religion, der eine war der *Buddha*, von dem sich die große Religion des Buddhismus herleitet, der andere war *Shankaracharya*, der Reformator des Hinduismus. Was den Pfad anbelangt, so sind ihre Lehren identisch, wie es die Lehren

solcher großer Eingeweihter notwendigerweise sein müssen. Jeder beschreibt die gleichen großen Stufen. In der Lehre selbst besteht vollständige Gleichheit; nur in der Formulierung, die einmal dem einen und das andere Mal dem anderen Glauben angepasst ist, bestehen Unterschiede. Das ist auch ein Grund, weshalb die Menschen lernen müssen, die Wahrheit unter verschiedenen Formen und Erscheinungen zu suchen, sonst streiten sie über die Ausdrucksformen, statt die Wesensgleichheit zu erkennen, die all diesen äußeren Bezeichnungen, die nur Namen sind, zugrunde liegt.

Vier große Stufen gibt es auf diesem Pfad, und jede ist durch eine Einweihung gekennzeichnet. Einweihung bedeutet eine Erweiterung des Bewusstseins, die durch eine bestimmte Vermittlungshandlung des Gurus herbeigeführt wird, der dem Kandidaten im Namen des einen Großen Einweihers der Menschheit zu seiner zweiten Geburt verhilft. Diese Erweiterung des Bewusstseins verleiht das, was man »den Schlüssel der Erkenntnis«

nennt. Sie eröffnet dem Eingeweihten neue Ausblicke des Wissens und der Macht, sie gibt ihm den Schlüssel in die Hand, der die Tore der Natur öffnet, damit er der Welt als Ganzes mehr Dienste leisten und sich der kleinen Schar derer anschließen kann, die sich dem Dienst der Menschheit geweiht und ihrem niederen Selbst entsagt haben. Sie haben mit der Welt und allem, was sie bieten kann, abgeschlossen und sich für immer dem Dienst der Großen geweiht, um ihre Werkzeuge zu sein und Kanäle für ihre Hilfe und Liebe.

Zwischen jeder dieser großen Einweihungen müssen bestimmte Dinge vollbracht werden. Es geht um Veränderungen im inneren Menschen, aber mit einem großen Unterschied gegenüber dem, was wir bisher betrachtet haben. Sobald ein Mensch ein Eingeweihter ist, muss das, was zu tun ist, vollkommen getan werden. Jede einzelne Fähigkeit muss vollkommen errungen, jede Fessel endgültig abgestreift werden. Wir haben hier also eine Bestimmtheit, die es sonst nirgends im Leben gibt. Jede Stufe muss vollständig bewältigt

sein, ehe ein Weiterschreiten möglich ist, wie lange Zeit man auch für diese Arbeit benötigen mag. Der technische Ausdruck dafür ist »das Abwerfen von Fesseln«, von Dingen, welche die Seele binden.

DIE ERSTE EINWEIHUNG

Die erste große Einweihung macht den Menschen zu dem, was Shankara den *Parivrajaka* und Buddha den *Shrotapanna* nennt. Das buddhistische Wort bedeutet »der, der in den Strom eingetreten ist«, der ihn von dieser Welt trennt. Er gehört nicht mehr länger zu dieser Welt, wenn er auch in ihr lebt. Er hat keinen festen Platz hier, nichts kann ihn halten. Genau der gleiche Gedanke wird durch das Wort *Parivrajaka* vermittelt – ein Mensch, der umherwandert, der kein festes Heim hat, nicht notwendigerweise im physischen Leben, wie die exoterische Deutung des Wortes jetzt lautet, sondern in dem Sinn, dass sein inneres Leben sich von der Welt gelöst hat und er in ihr keine feste Heimat mehr besitzt. In

dieser vergänglichen Welt ist ein Ort für ihn wie der andere. Er geht überallhin, wohin sein Meister ihn senden mag. Kein Ort hat die Macht, ihn zu halten, daher wird er »der Wanderer« genannt.

Betrachten wir, was hier wirklich vor sich geht: Der Mensch, der in den Strom eingetreten ist, hat sich endgültig von der Welt getrennt. Er bedarf ihrer nicht mehr, außer um ihr zu dienen. Er verlangt nichts mehr von ihr, außer in ihr die Befehle seines Gurus auszuführen. Das ist das Kennzeichen der ersten großen Einweihung, der geistigen Wiedergeburt.

Diese Wiedergeburt kann nie mehr rückgängig gemacht werden, der Mensch kann nie mehr werden, wie er vorher war. Das kleine Kind, das auf die Welt kommt, mag der neuen Welt, in die es getreten ist, eine Zeit lang nicht bewusst werden, aber es kann nie wieder in den Mutterleib zurückkehren, als hätte keine Geburt stattgefunden. Ebenso wenig kann der Eingeweihte, der durch diese zweite Geburt geschritten ist, sich jemals wieder so verhalten, als hätte er sie nicht erlebt, und an dem

Leben der äußeren Welt teilnehmen wie jene, die noch keine solche zweite Geburt erlebt haben. Er kann seinen Fortschritt verzögern und längere Zeit als nötig dazu aufwenden, um die Fesseln abzuwerfen, die ihn noch binden, aber er kann nie wieder zu einem Uneingeweihten werden. Der Schlüssel, den er erhielt, kann nie wieder seiner Hand entfallen. Er ist in den Strom getreten und von der Welt getrennt. Er muss vorwärts gehen, wenn auch noch so langsam, wie viele Leben er auch immer dazu benötigen mag.

Manchmal wird gefragt, wie viele Leben wohl zwischen diesem Schritt und der endgültigen Befreiung, dem Erreichen von »Mukti«, üblicherweise vergehen mögen, und im Allgemeinen wird in diesem Zusammenhang von sieben Leben gesprochen. Swami Subba Row hat auf diese Frage einmal die folgende bemerkenswerte Antwort gegeben: »Es können sieben Leben sein oder siebzig, es können sieben Tage sein oder sieben Stunden.« Das Leben der Seele wird nicht nach irdischem Zeitmaß gemessen. Es kommt auf ihre Kraft

an und auf die Intensität ihres Willens, das Ziel zu erreichen. Ein Mensch kann seine Zeit vergeuden oder sie nach bester Möglichkeit ausnützen, nur davon wird sein Fortschritt abhängen. Während dieses Stadiums, das mit der ersten Einweihung beginnt und mit der zweiten endet, muss der Mensch sich dreier Dinge vollkommen entledigen:

Das erste ist die *Illusion des persönlichen Ichs.* Die irdische Persönlichkeit muss zerstört werden. Es genügt nicht mehr, sie bloß zu beherrschen, ihren Einfluss zu vermindern oder sie in Schach zu halten. Sie muss für immer vernichtet werden. Die Täuschung eines getrennten Ichs muss verschwinden. Der Schüler muss sich als eins mit allen anderen erkennen, denn das Selbst aller ist eines. Es muss für ihn zu einer erlebten Wirklichkeit werden, dass alles, was ihn umgibt, die Menschen, die Tier- und Pflanzenwelt, die Formen der Minerale und Elemente, dass alles dies eine Einheit bildet. Die Erweiterung seines Bewusstseins wird ihm dabei helfen, das Erkennen des wahren Selbst wird es ihm ermöglichen, sich des

falschen zu entledigen. Seine Augen sind jetzt geöffnet und durchdringen die Täuschung. Er wird frei und wirft die Fessel ab, die »die Täuschung des gesonderten Selbst« genannt wird.

Dann muss er sich vom *Zweifel* befreien. Dieser ist das zweite Hindernis, das ihn am weiteren Fortschreiten hindert. Aber er muss dies durch Erkenntnis bewerkstelligen. Die Dinge der unsichtbaren Welt und die großen Wahrheiten der Religion dürfen für ihn keine Fragen der Spekulation, keine bloßen philosophischen Vorstellungen mehr bleiben, sie müssen zu erkannten Tatsachen werden. Ehe er vorwärtsschreiten kann, muss er unter Ausschluss jeder Möglichkeit eines Zweifels von den großen Wahrheiten der Wiederverkörperung und des Karmas überzeugt sein und von jener der Existenz der *Jivanmuktas*, der göttlichen Menschen, welche die Meister der Menschheit sind. Über diese Punkte muss jeder Zweifel ausgeschlossen sein. Sein Wissen davon darf nicht mehr bloß theoretisch sein, es muss ein praktisches Wissen geworden sein, da-

mit nicht der Schatten eines Zweifels darüber sein Bewusstsein jemals mehr umwölken kann. Eine unmittelbare Berührung mit der Wirklichkeit muss erlangt werden, die es unmöglich macht, dass er von den Illusionen der äußeren Welt jemals wieder getäuscht wird.

Die letzte der drei Fesseln, die auf dieser Stufe abgeschüttelt werden müssen, ist der *Aberglaube.* Unter Aberglauben in diesem Sinne wird verstanden, sich auf äußere Riten und Zeremonien einer besonderen Religion zu verlassen, um spirituelle Hilfe zu erlangen. Diese äußeren Formen sind Anpassungen einer grundlegenden Wahrheit an diese Welt der Unwissenheit und Täuschung. Ein Mensch, der dies erkennt, ist über exoterische Formen und Zeremonien hinausgewachsen. Dieser Gedanke ist auch den Hindus vertraut. Der Sannyasi ist ein solcher Mensch, von dem man annimmt, dass er über diese Dinge hinausgewachsen ist, und von dem die Vollführung der täglichen Zeremonien daher nicht mehr verlangt wird, da man glaubt, dass er zur Wirklichkeit durchgedrungen ist

und dieser Dinge nicht mehr bedarf. Sie sind die Sprossen der Leiter, auf der die Menschen emporsteigen, und am Anfang – dies dürfen wir nicht vergessen – sind sie notwendig. Es ist dies eine Frage des Wachstums. Wenn man zum Giebel eines Hauses hinaufsteigen will, muss man Treppen oder Leitern benützen, und der Mensch wäre töricht, der sagen wollte: »Ich werde nicht über die Treppe hinaufgehen.« Es sei denn, er hätte eine solche Kenntnis und Macht über die Naturgesetze, dass er die Polarität seines Körpers verändern und sich durch das emporheben könnte, was man Levitation nennt, durch einen Akt seines Willens, statt durch die verhältnismäßig langsame und schwerfällige Art des Hinaufsteigens von Stufe zu Stufe. Für einen solchen Menschen ist die Treppe überflüssig, aber daraus folgt nicht, dass die Treppe auch für andere Menschen nutzlos ist. Es gibt heute nur zu viele Menschen, die sich weigern, die Treppe zu benützen, obwohl sie unfähig sind, sich selbst zu erheben. Sie vergessen, dass, solange der Wille nicht hinreichend entwickelt

ist, die niedrigeren Formen notwendig sind, wenn der Mensch überhaupt steigen will.

Dies bringt uns zu der Frage, wer ein wahrer Sannyasi ist. Schon vor fünftausend Jahren wurde dieses Wort nicht der Wirklichkeit entsprechend verwandt. Krishna sagte: »Wer aus Pflicht handelt, gleichgültig was für Früchte sein Handeln bringt, der ist ein Sannyasi, der ist ein Yogi, nicht jener, der ohne Feuer ist, aber nichts tut.« Ohne Feuer zu sein bedeutet hier, dass er die Opferfeuer nicht entzündete, also die vorgeschriebenen täglichen Riten nicht ausführte. Dies ist heute noch ebenso wahr wie damals. Wenn wir die gesamte östliche Welt betrachten, Indien mit seinen zahllosen Sannyasis, die nur ihrem Gewand, ihrer äußeren Erscheinung nach Sannyasis sind, nicht aber ihrem Leben nach, und die buddhistischen Mönche in Ceylon, Burma, China oder Japan, die auch oft nur ihrem gelben Gewand nach, nicht aber ihrem Leben nach Mönche sind, erkennen wir, wie oft die äußere Erscheinung nicht der inneren Wahrheit entspricht. Obgleich es wahr

ist, dass es in Indien leichter ist, ein religiöses Leben zu führen, als in irgendeinem anderen Land, obgleich es immer noch wahr ist, dass die alten Traditionen den Boden Indiens heiliger und seine Atmosphäre spiritueller machen als die anderer Länder, obgleich es hier Plätze gibt, die durch die Leben, die dort geführt wurden, so heilig sind, dass selbst ein weltlicher Mensch zur inneren Ruhe kommt, wenn er sie betritt – obgleich all dies wahr ist, sind doch auch die Kinder Indiens zurückgefallen und erweisen sich als unwürdig ihres ehrwürdigen Erbes. Auf der ganzen Welt wird heute nirgends mehr in breiten Kreisen ein echtes religiöses Leben geführt, und es gibt kein Volk, in dem dies als das höchste Gut anerkannt würde. Es könnte einem das Herz brechen, wenn man die Möglichkeiten kennt, die der Mensch besitzt, und sie mit dem vergleicht, was tatsächlich erreichbar ist. Aber in Wahrheit ist doch kein Grund dazu, denn immer noch leben die Meister und wandeln ihre Schüler durch die Welt der Menschen, aber ihre Jüngerschaft wird nicht durch ein

äußeres Gewand kenntlich, sondern durch ihr inneres Leben, durch das Wissen, die Reinheit und die Hingabe, die immer noch die Pforten zur Einweihung öffnen.

DIE ZWEITE EINWEIHUNG

So gelangen wir zu der zweiten Stufe, die Shankara den *Kutichaka* nennt, den Mann, der eine Hütte baut, und die Buddhisten den *Sakridagamin*, den Menschen, der noch einmal wiedergeboren wird. Auf dieser Stufe werden keine bestimmten Fesseln abgeworfen, sondern der Mensch muss bestimmte Fähigkeiten erwerben. Dies ist der Zeitpunkt für die Siddhis. Nach der zweiten Einweihung ist es notwendig, dass die Siddhis entwickelt werden, denn der Schüler hat nun jene Stufe im Leben erreicht, auf der er zu sehr weitreichendem Dienst fähig sein muss, auf der er nicht nur in der physischen Welt imstande sein muss, die Arbeit seines Meisters zu leisten, sondern auch in den sie umgebenden Welten außerhalb der physischen Ebene. Er

muss fähig sein, nicht nur in hörbarer Sprache zu sprechen, sondern bewusst Gedanken zu senden und zu empfangen. Vor ihm liegen erhabene Aufgaben, und mit der Zeit wird ihm alles Wissen offenstehen und die Natur keine Schleier mehr aufweisen, die seine Augen blenden könnten. Aber dazu muss er auf dieser Stufe kontinuierlich seine inneren Fähigkeiten entwickeln. Auf dieser Stufe muss, wenn es nicht schon früher geschah, das innere Feuer angefacht und die Kundalini im physischen und astralen Körper zur Tätigkeit erweckt werden. Über das Erwachen dieses lebendigen Feuers und wie es von Chakra zu Chakra geleitet wird, kann man in gewissen Büchern nachlesen, zum Beispiel im *Ananda Lahiri* von Shankara. Sein Erwachen gibt dem Menschen die Kraft, seinen physischen Körper mit Absicht zu verlassen, denn wenn es von Chakra zu Chakra geleitet wird, löst es das Astrale vom Physischen und setzt es frei. Der Mensch kann dann ohne Unterbrechung des Bewusstseins aus dem physischen Körper austreten, mit vollem Bewusstsein in der unsicht-

baren Welt wirken und das Wissen von dem, was er dort verrichtet hat, in sein physisches Leben zurückbringen.

Auf dieser zweiten Stufe müssen, wenn es nicht schon früher geschehen ist, alle diese Kräfte entwickelt werden. Solange sie nicht voll ausgebildet sind und ganz unter der Herrschaft des Menschen stehen, so dass es für ihn keine Schranken mehr zwischen der sichtbaren und der unsichtbaren Welt gibt, kann er nicht weiterschreiten.

Es ist unschwer zu verstehen, wie leicht von ungeeigneten Menschen Unheil angerichtet werden kann, die versuchen, diese Stufe mit künstlichen Mitteln zu erreichen, bevor sie dazu spirituell hinreichend entwickelt sind. Es gibt in vielen Büchern, besonders in den tantrischen Werken, Hinweise, die gierig von Menschen aufgegriffen werden, die solche Kräfte besitzen möchten, ohne sich darum zu kümmern, ob sie auch die moralischen und intellektuellen Fähigkeiten haben, sie richtig einzusetzen. In vielen Tantras stehen für den, der in ihre Tiefe einzudringen vermag, große

Wahrheiten, aber die äußeren Formulierungen sind durch ihre Unvollständigkeit oft außerordentlich irreführend für jeden, der die Hintergründe nicht kennt und keinen Guru hat, der absichtlich im Dunkel Gehaltenes aufklärt und die Lücken ausfüllt. Menschen, die in ihrer Unwissenheit solche Übungen ausführen, um ihre psychische Entwicklung zu erzwingen, ehe ihre intellektuelle und moralische Entwicklung sie befähigt, dies ohne Gefahr zu tun, erreichen wohl sehr oft tatsächliche Ergebnisse, aber solche, welche üble Folgen haben und keine guten. Sie richten oft ihre körperliche Gesundheit zugrunde, verlieren ihr seelisches Gleichgewicht oder schädigen ihre intellektuellen Fähigkeiten, weil sie die Frucht vom Baum des Lebens pflücken wollen, ehe sie reif ist, weil sie mit unreinen Händen und unlauterem Sinn in das Allerheiligste eindringen wollen. Aber die Atmosphäre in diesem Tempel ist derart, dass nichts Unreines darin leben kann. Ihre Schwingungen sind so stark, dass sie alles zerstören, was einer niedrigeren Tonart angehört.

Ihre Heiligkeit zerschmettert alles Unreine, was sich dieser feinen und doch ungeheuer dynamischen Bewegung nicht anpassen kann.

DIE DRITTE EINWEIHUNG

Wenn der Schüler aber unter der Anleitung seines Meisters – und nur so sollte es jemals versucht werden – diese Stufe gänzlich beherrschen gelernt hat, steht die dritte große Einweihung bevor, die den Menschen zum *Hamsa* macht, wie Shankara ihn nennt, oder zum *Anagamin*, wie er in der buddhistischen Literatur bezeichnet wird, das heißt zu einem Menschen, der nicht noch einmal geboren wird, es sei denn aus seinem eigenen freien Willen. Die von Shankara gegebene Bezeichnung deutet an, dass es die Stufe ist, auf welcher der Mensch der Einheit wirklich gewahr wird: Er weiß, dass er eins mit dem Höchsten ist. Er hat sich in seinem sich weitenden Bewusstsein schon in jenen Bereich des Universums erhoben, wo diese Einheit wirklich empfunden wird, und er hat das »Ich bin

das« erlebt. Mit der Vervollkommnung seiner psychischen Sinne und ihrer Verbindung mit den physischen ist er nicht nur fähig, in jenen Bereich einzudringen, in dem das Bewusstsein als eine Einheit empfunden wird, sondern er kann auch die Erinnerung an dieses Bewusstsein in seinen Alltag zurückbringen und sie seinem physischen Gehirn einprägen.

Der Tatbestand, dass da der letzte Rest irdischen Verlangens notwendigerweise von ihm abfallen muss, wenn auf dieser Stufe überhaupt noch ein Rest davon vorhanden sein sollte, braucht wohl kaum eigens erwähnt zu werden. Die Fessel, die hier abgestreift wird, wird *Kamaraga* genannt, Verlangen, so wenig Irdisches es auch nur noch enthalten mag. Durch das Gewahrwerden der Einheit von allem verlieren alle getrennten Erscheinungen für immer die Macht, den Jünger zu täuschen. Er hat sich weit über die Begrenzungen des Sonderseins erhoben und steht nicht nur über allem, was man irdisches Verlangen nennen könnte, sondern auch über allen verfeinerten, spirituellen Wünschen, die noch irgendetwas

für das getrennte Selbst erstreben. Selbst spirituelle Wünsche fallen ab von dem, der eine solche Höhe erreicht hat. Er kann sich in seinem Denken nicht mehr von anderen trennen, und darum kann er keine spirituellen Wünsche mehr für sich allein haben, sondern nur insofern er Teil des Ganzen ist. Alles, was er erlangt, erlangt er für alle. Er steht in jenem Bereich des Universums, aus dem die Kraft in die Welt der Menschen herabströmt, und in dem Maß, in dem er sie erwirbt, gibt er sie weiter, ergießt sie auf alle und teilt sie mit allen. So wird die ganze Welt besser durch jeden Menschen, der diese Stufe erreicht.

Um die zweite Fessel zu bezeichnen, die er auf dieser Stufe abwirft, wird ein seltsames Wort verwendet – das Pali-Wort *Patigha*, das wir in den europäischen Sprachen mit »Hass« übersetzen müssen, obwohl dieses Wort in diesem Zusammenhang absurd ist. Was wirklich damit gemeint ist, ist Folgendes: Da er mit allen eins ist, empfindet er die Unterschiede von Rasse und Familie nicht mehr. Er kann nicht mehr wegen äußerer Unterschiede lie-

ben oder hassen. Erinnern wir uns des seltsamen Ausspruches Krishnas, ein Weiser mache keinen Unterschied zwischen einem erleuchteten Brahmanen und einem Hund. Er hat die Erleuchtung erreicht und sieht in allem Brahman, oder wir können auch sagen, er sieht in allem Krishna, und das äußere Gewand macht für seinen geläuterten Blick keinen Unterschied mehr. Daher ist er völlig frei von dem, was wir »Hass« oder »Antipathie« nennen. Nichts stößt ihn ab, nichts treibt ihn zurück. Er ist für jeden und für alles Liebe und Mitgefühl. Er breitet sozusagen eine umfassende Sphäre von Zuneigung um sich aus, und jeder, der sich ihm nähert, empfindet den Einfluss seines göttlichen Mitgefühls. Daher hieß es von den Brahmanen in jenen alten Tagen, in denen sie noch wirklich das waren, was ihr Name bedeutet, ein Brahmane sei »der Freund jedes Geschöpfes«. Da sein Herz mit dem Göttlichen eins war, war es auch weit genug, um alles in sich zu schließen, was von diesem Göttlichen geschaffen wurde.

DIE VIERTE EINWEIHUNG

Hat der Jünger das Sondersein für immer abgelegt, dann betritt er die letzte Stufe der Schülerschaft. Einen *Paramahamsa* nennt ihn Shankara, denn *Arhat* ist die buddhistische Bezeichnung. Er hat nun die vierte große Einweihung erhalten und steht auf jener Stufe, die der von *Jivanmukti* vorangeht. Er kann sich im Wachbewusstsein in den *Turiya*-Zustand erheben und in ihm verweilen. Er muss seinen Körper dazu nicht mehr verlassen. Sein Bewusstsein hat sich dahin erweitert und kann trotzdem gleichzeitig auch in seinem physischen Gehirn arbeiten. Das ist eines der großen Kennzeichen dessen, der diese Stufe erreicht hat. Physische Bewusstlosigkeit ist nicht mehr nötig für ihn, um diese hohe Ebene des Bewusstseins zu erreichen. Während er in der irdischen Welt lebt und spricht, hat er dieses ganze unermessliche Wissen zu seiner Verfügung und kann es nutzen.

Auf dieser Stufe hat er nun die letzten fünf Fesseln abzuwerfen, um ein *Jivanmukta* werden zu können.

Die erste wird *Ruparaga* genannt, Verlangen nach »Leben in Form«. Kein Wunsch nach einem solchen Leben kann ihn mehr bewegen.

Dann wird *Aruparaga* abgeworfen, Verlangen nach »Leben ohne Form«. Auch kein Verlangen nach solchem Leben hat mehr die Kraft, ihn zu binden.

Als Nächstes schüttelt er *Mana* ab, und wiederum müssen wir ein europäisches Wort gebrauchen, das viel zu grob ist, um die wahre, subtile Natur dieser Fessel auszudrücken – Stolz. Es geht darum, dass er auch nicht einen flüchtigen Augenblick lang an die Größe dessen denkt, was er selbst erreicht hat, an die schwindelnde Höhe, auf der er steht, denn für ihn gibt es weder hoch noch niedrig, weder Höhe noch Tiefe. Er sieht und fühlt sie alle als eins.

Dann streift er die Möglichkeit ab, durch irgendein Geschehnis erregt zu werden. Was immer geschehen mag, er bleibt unbewegt. Nichts,

was der geoffenbarten Welt widerfahren kann, vermag den erhabenen Frieden eines Menschen zu erschüttern, der des Selbst in allen bewusst geworden ist. Wenn eine Katastrophe eintritt, selbst wenn eine Welt zusammenbricht – was macht dies aus, es ist ja nur die Form, die zerstört wird, nur die Erscheinung, die sich ändert. Er lebt in jenem Einen, das ewig und unsterblich ist, uranfänglich und dauernd, und darum kann nichts seine heitere Ruhe erschüttern, nichts die Vollkommenheit seines Friedens beeinträchtigen.

Schließlich fällt die letzte Fessel von ihm ab, *Avidya*, das, was die Täuschung verursacht, der letzte schwache Schleier, der vollkommener Schau und Freiheit entgegensteht. Er unterliegt nicht mehr dem Gesetz der Reinkarnation, wenngleich er eine Geburt auf sich nehmen kann, sofern er dies will. Alles, was unserer Planetenkette angehört, steht seinem Erkennen offen. Er lernt alles, was diese Offenbarung zu lehren hat. Kein Geheimnis bleibt ihm verborgen, nicht einen Winkel gibt es, in den sein Auge nicht zu dringen

vermag. Am Ende dieser Stufe hat er alles Wissen und alle Kräfte erlangt. Er hat die menschliche Entwicklung vollendet. Er hat den letzten Schritt getan, den die Menschheit als Ganzes erst getan haben wird, wenn das große Weltzeitalter zu Ende geht und das Werk dieses Universums vollbracht ist. Nichts mehr gibt es, das nicht in ihm ist. Sein Bewusstsein hat sich so erweitert, dass es alles in sich aufgenommen hat. Wenn er will, kann er nun in Nirvana eintreten – in die Fülle des Lebens selbst.

DIE FÜNFTE EINWEIHUNG

Nur die letzte Pforte steht noch vor ihm, aber diese öffnet sich beim Klang seiner Schritte. Hat er sie durchschritten, dann wird er ein *Jivanmukta*, wie die Hindu-Bezeichnung lautet, ein *Asekha-Adept* in der buddhistischen Benennung. Er hat nun alles vollbracht, und vor ihm öffnen sich verschiedene Pfade, unter denen er wählen kann. Es sind Möglichkeiten, die selbst außerhalb unserer Planetenkette,

unseres eigenen Kosmos liegen, in Bereichen, die unsere äußerste Vorstellung übersteigen. Ein Pfad, der härteste und schwerste, aber auch der schnellste, ist jener, welcher der Pfad der großen Entsagung genannt wird. Wenn er diesen wählt, weigert sich der *Jivanmukta*, die Welt der Menschen zu verlassen. Er erklärt, dass er zu bleiben entschlossen ist und wieder und wieder eine Verkörperung auf sich nehmen will, um die Menschen zu lehren und ihnen zu helfen. Seine eigene Aufgabe ist zwar beendet, aber er hat sich mit der Menschheit identifiziert, und solange die Entwicklung der gesamten Menschheit nicht vollendet ist, verlässt er die ringenden Reihen der Menschheit nicht. Er gehört zu jenen, von denen Shankara sagte, dass sie, obwohl sie frei sind, freiwillig gebunden bleiben, bis alle frei sind. Sie sind die großen Meister des Mitgefühls, die in Reichweite der Menschen leben, damit die Menschheit nicht eine vaterlose Waise ist, damit Schüler nicht vergebens nach einem Guru suchen müssen und keinen finden, der sie belehrt.

Das ist der Grund, weshalb mancher von

uns ihnen gegenüber eine so tiefe Dankbarkeit empfindet, weil sie, obwohl sie im nirvanischen Bewusstsein jenseits des Irdischen leben, doch innerhalb der Sphäre der Erde geblieben sind, um ein Verbindungsglied aufrechtzuerhalten zwischen den höheren Welten und jenen Menschen, für die der Körper noch ein Gefängnis und das Leben nicht erlöst ist. Alle, die auf einer solchen erhabenen Höhe stehen wie sie, sind göttlich. Aber ohne unehrerbietig zu sein, dürfen wir sagen, dass dem Herzen der Menschheit am teuersten und durch die Bande inbrünstiger Dankbarkeit für ihre Entsagung mit ihr am engsten verbunden jene sind, denen es freigestanden hätte, von uns zu gehen, und die trotzdem in allumfassender Fürsorge bei uns bleiben.

4.

DIE ZUKÜNFTIGE ENTWICKLUNG DER MENSCHHEIT

Bis hierher haben wir uns mit dem Fortschritt des einzelnen Menschen befasst und zu zeigen versucht, wie ein Mensch, wenn er entschlossen ist, seine Zukunft selbst zu bestimmen, sich Schritt für Schritt aus dem weltlichen Dasein zum Leben eines Jüngers erheben, den Fortschritt der Menschheit vorwegnehmen und in wenigen Jahren das vollbringen kann, wozu die Menschheit ungezählte Jahrtausende benötigen wird.

Nun liegt die Aufgabe vor uns, den Fortschritt der Menschheit als Ganzes durch die Zeitalter hindurch zu verfolgen. Wir wollen sozusagen einen Blick aus der Vogelperspektive

auf ihre Entwicklung werfen und uns nicht nur der Vergangenheit gewahr werden, aus der wir in die Gegenwart hineingewachsen sind, sondern auch der Zukunft, die unser als ganzer Menschheit harrt. Ich fühle, dass wir bei einem solchen Flug durch zahllose Zeitalter fast den Atem verlieren müssen, denn wir werden ohne nähere Erläuterungen mit großer Schnelligkeit von einem Punkt zum nächsten zu eilen haben. Aber eines möchte ich zu dem Bild, das ich Ihnen aufzeichnen werde, sagen: Dieses Bild stammt nicht von mir, es ist anderen Ursprungs. Die Schwäche meiner Darstellungskraft mag sich dabei vielleicht in Einzelheiten irren, aber der Umriss des Ganzen ist wahr, und auf die genaue Richtigkeit dieser Skizze in ihren Grundzügen können Sie sich verlassen.

Der Mensch, wie er den Augen der Großen vorschwebt, die von Anbeginn an seine Lehrer, Meister und Führer waren, ist nicht der Mensch, wie er heute ist. Der Mensch ist heute noch nicht ganz so, wie er werden soll und auch werden wird. Es ist keinesfalls so, dass

sein Fortschritt ganz unzufriedenstellend wäre. Das ist er nicht. Die Stufe, die er in seiner Entwicklung erreicht hat, umgeben von Schwierigkeiten, Zweifeln und vielem Leiden, ist, vom höchsten Standpunkt aus betrachtet, eine ziemlich befriedigende Stufe, wenn man die – nach göttlichem, nicht nach menschlichem Maß – kurze Zeit in Betracht zieht, die hinter ihm liegt. Er ist herabgestiegen. Er hat den tiefsten Punkt überschritten. Ein mächtiger Aufstieg liegt noch vor ihm, an dessen Ende die Menschheit, vollkommen und herrlich geworden, so sein wird, wie sie vom göttlichen Denken geplant war.

Wir müssen im Auge behalten, dass das Universum aus sieben großen voneinander unterschiedenen Bereichen besteht, die sozusagen aus dem göttlichen Denken ausgestoßen wurden, von innen nach außen oder von oben nach unten, wie man es lieber ausdrücken mag, als ein mächtiges siebenfältiges All. Jede Ebene ist ihrer Materie nach unterschieden, wenn auch das innere Wesen aller das Gleiche ist, jene Gottesfunken (*Paramatma*), aus de-

nen alles hervorgeht. Als diese Ausgießung göttlichen Denkens dank der Kraft des göttlichen Willens in dem geoffenbarten Weltall Gestalt annahm, wurde jede Ebene durch einen Unterschied in der Dichtigkeit ihrer Materie charakterisiert, durch die Zahl der Verschleierungen, in welche die ursprüngliche Kraft sich hüllte. Wir können uns diesen großen Kosmos mit dem Logos, der ihn entstehen ließ, wie ein mächtiges Sonnensystem vorstellen, wobei die Sonne den Logos darstellt, und nach außen zu bildet jeder Himmelskörper mit seiner Bahn eine Ebene des Universums. Diejenigen weiter innen sind dann jene, deren Materie die feinste und deren Kraft die am wenigsten gehemmte ist. Diejenigen weiter außen sind jene, in denen die Dichtigkeit der Materie zunimmt und die innewohnende Kraft durch die Dichte der sie einhüllenden Materie stärker gelähmt wird.

Dann haben wir uns zu vergegenwärtigen, dass der Lauf der Entwicklung ein brausendes Ausströmen vom Mittelpunkt zum Umkreis ist, und dann wieder ein Zurückkehren von

der äußeren Oberfläche zum Mittelpunkt. Wenn der große Atem nach außen geht und Materie entsteht, die immer dichter wird, muss es einen Punkt geben, an dem die Materie am dichtesten ist und die Kraft am schwächsten, die Form in ihrem starrsten und das Leben in seinem verborgensten Zustand; denn der Vorgang des Ausatmens ist ein solcher, dass die Materie sich in ihm verdichtet und die Formen an Starrheit zunehmen, während die Offenbarung des Lebens mehr und mehr verhüllt wird. Wenn andererseits der Atem zurückströmt und die schöpferische Kraft sozusagen in den Mittelpunkt zurückgeholt wird, dann wird die Materie feiner und feiner und das Leben immer weniger verhüllt, bis schließlich der große Atem alle aus diesem geoffenbarten Kosmos erlangten Erfahrungen in sich zurückzieht. Die Menschheit, die Ziel und Ergebnis dieses Entwicklungsvorganges war, ist göttlich geworden und reif für noch großartigere Stufen des Fortschrittes.

Verfolgen wir dieses große Strömen nach außen, dann werden wir gewahr, dass es sich bei

den Wesen, die von ihm mitgetragen werden, um einen Vorgang der Individualisierung handelt. Auf die Bewohner der Ebenen, die hinter uns liegen, zurückblickend, sehen wir, dass das, was man Elementalessenz nennt, allmählich fester umrissene Formen annimmt. Da sie sich auf dem absteigenden Bogen befindet, besteht ihre Entwicklung darin, abgesonderter zu werden und immer stofflichere Formen anzunehmen. Es ist eine Bewegung nach abwärts in die Materie hinein, während die gegenwärtige Entwicklung der Menschheit, die sich auf dem aufsteigenden Bogen befindet, darin besteht, dass sie sich zur Einheit emporhebt und ihre Formen immer mehr verfeinert, denn hier handelt es sich um eine Aufwärtsbewegung in das unverhüllte Leben hinein.

Wenn wir uns auf solche Weise in groben Umrissen eine Vorstellung vom Kosmos als Ganzes machen, werden wir verstehen, dass es auf den Ebenen, die weniger dicht sind als die physische, nicht nur die in ihrer Evolution begriffene emporsteigende Menschheit gibt, sondern auch die in ihrer Involution befind-

liche herabsteigende Elementalessenz. Im Mineralreich befindet sich der Wendepunkt, denn hier ist das dichteste Stadium erreicht. In der Aufwärtsentwicklung nehmen die Minerale und das Pflanzenreich die physische Ebene ein und gelangen nicht zu einem darüber hinausgehenden Bewusstsein. Die Tierwelt macht einen Schritt aufwärts, denn das Tier muss sowohl in dem Bereich leben, den man die Astralebene nennt, als auch im physischen. Der Mensch aber soll nach der Vorstellung derer, die ihn gestalteten, fünf von den sieben Ebenen des Weltalls erobern und auf ihnen leben. Er soll auf der physischen und astralen Ebene wirken und sie meistern, und ebenso auf der zunächst darüber liegenden, der Mentalebene, die das *Svarga* der Hindus und das *Devachan* (Himmelswelt) der Theosophen in sich einschließt. Wir können dafür auch einen anderen Ausdruck verwenden, der den ganzen Umfang dieses Bewusstseinszustandes besser ausdrückt, nämlich das Wort *Sushupti*. Es ist dies ein Zustand, den im Erdenleben nur einige wenige besonders erfahrene und entwi-

ckelte Menschen kennen, der aber im Lauf der Evolution von der Mehrzahl der Menschen erlebt werden wird. Über dieser Ebene folgt noch eine vierte, die *Turiya*-Ebene, die Ebene von *Buddhi*, und darüber die Ebene von *Nirvana* oder *Turiya-tita*.

Diese fünf Bereiche des Universums bedeuten für den Menschen fünf Stufen der Erweiterung seines Bewusstseins, die er ersteigen muss, wenn er auf seiner Pilgerfahrt zum Ziel kommen will. Durch Yoga kann der einzelne Mensch diese Stufen rascher erklimmen, die Mehrzahl der Menschen aber wird diese Entwicklung erst im Laufe von Zeitaltern vollenden. Nicht alle werden es, aber die Mehrzahl. Ehe dieser Weltentag beendet ist, wird die Mehrzahl der Menschen sich auf allen diesen fünf Ebenen tragende Hüllen geschaffen haben, durch die das Bewusstsein auf ihnen wirken kann.

Darüber hinaus erheben sich noch zwei Ebenen, welche die Mehrzahl der Menschen in dieser Entwicklungsperiode überhaupt nicht berühren wird. Ebenen, die für uns

bloße Namen sind, die uns keine bestimmte Bedeutung zu vermitteln vermögen, so hoch erheben sie sich über unsere erhabensten Vorstellungen. Es sind jene, die *Paranirvana* und *Mahaparanirvana* genannt werden. Was diese Zustände sind, können wir nicht einmal erahnen. Einige wenige Kinder der Erde werden auch diese höchsten Zustände erreichen, aber für die Masse der Menschheit vollzieht sich die Entwicklung innerhalb des fünffältigen Weltalls.

Dies ist vielleicht ein Hinweis darauf, was der Streitfrage über die Bedeutung der »Fünf« und der »Sieben« in der Natur zugrunde liegt, die es eine Zeit lang zwischen einigen Theosophen und Brahmanen gegeben hat. Die Brahmanen stellten sich auf den Standpunkt der fünffältigen Einteilung, die Theosophen bestanden auf der siebenfältigen. In Wahrheit ist die Gesamteinteilung siebenfältig, wie sie in der Beschreibung des sich teilenden siebenfältigen Feuers zu finden ist, auf das einige Upanishaden hinweisen. Aber unsere gegenwärtige Evolution ist nur eine Ent-

wicklung der fünffältigen Natur, wie sie in der Hindu-Literatur in den *fünf Pranas* symbolisiert wird. Ich erwähne dies nur nebenbei, um zu zeigen, dass viele Zwistigkeiten gar nicht entstehen müssten, wenn die Menschen einander besser verstehen würden, wenn sie, statt über bloße Erscheinungen zu streiten, unter die Oberfläche schauen würden.

Wenn wir nun auf die Entwicklung der Menschheit zurückblicken, so finden wir, dass die erste und zweite Kulturepoche sich mit der Entwicklung der Form und der niedrigeren oder tierischen Natur beschäftigte. Diese Völker entwickelten den physischen Körper mit seinem in theosophischen Schriften *Linga Sharira* genannten ätherischen Doppel sowie die kamische oder leidenschaftliche Natur, die Mensch und Tier gemeinsam haben. Wenn wir zur dritten Epoche kommen, sehen wir, dass ihr, als sie die Hälfte ihres Entwicklungsweges hinter sich hatte, eine besondere Hilfe zuteil wurde. Die großen *Kumaras*, die man *Manasaputras*, Söhne des Denkens, nannte, die Vollendeten einer vergangenen Entwick-

lung, kamen der Menschheit zu Hilfe, um ihre Entwicklung dadurch zu fördern, dass sie Funken ihres eigenen Wesens ausstrahlten. Dadurch gaben sie den Impuls, durch den *Manas*, die individuelle Seele, im Menschen zur Entstehung gebracht wurde.

Das Ergebnis war eine große Beschleunigung der menschlichen Entwicklung. Es wurde nun jene Hülle gebildet, die als *Karana Sharira* oder *Kausalkörper* bekannt ist. Es ist dies der »Körper des Manas«, der durch das ganze Dasein der reinkarnierenden Seele fortbesteht. Er bleibt von Leben zu Leben derselbe und trägt das Ergebnis eines jeden Lebens in das nächste weiter. Er wird Kausalkörper genannt, weil in ihm die Ursachen liegen, die sich auf den niederen Ebenen des irdischen Lebens zu Wirkungen gestalten.

Von dieser Zeit ab war der Plan der menschlichen Entwicklung der Folgende: Nachdem der Kausalkörper gebildet war, gab es nun einen Träger, in dem alles aufgespeichert und gesammelt werden konnte, ein Lagerhaus für Erfahrungen. Wenn der Mensch ins irdische

Leben tritt, indem er eine Projektion seiner selbst in die dichteren Ebenen aussendet, bringt er dieses Leben damit zu, bestimmte Tatsachen in der physischen Welt kennenzulernen und Erkenntnisse zu sammeln. Durch die Pforte des Todes tretend, muss der Mensch diese so gesammelten Erfahrungen verarbeiten. Er lebt außerhalb des physischen Körpers auf der Astralwelt und im himmlischen Bereich von *Devachan* weiter. Dort arbeitet er gewisse Wirkungen aus und webt die gemachten Erfahrungen in seine Natur ein. Jedes Leben bringt bestimmte Ergebnisse, die zu Fähigkeiten und Kräften verarbeitet werden. Wenn ein Mensch zum Beispiel in seinem physischen Leben die Kraft des Denkens sehr geübt und sich bemüht hat, sein Verständnis zu erweitern, Erkenntnisse zu sammeln und seinen Verstand zu entwickeln, dann beschäftigt er sich in dem Zeitraum zwischen seinem Tod und seiner Wiedergeburt damit, alle diese Anstrengungen in intellektuelle Fähigkeiten zu verwandeln, mit denen er dann in seiner nächsten Geburt auf diese Welt zurück-

kehrt. Ebenso wird all sein höheres Streben, Wünschen und Hoffen während dieser Zeit in das innere Wesen seiner Natur verwoben. Wenn er wieder auf der Erde inkarniert, wird er unter Verhältnissen geboren, die sein Wachstum erleichtern, und er bringt die entwickelten geistigen Fähigkeiten mit, um sie während seines neuen Lebens zu weiterer Entfaltung zu nutzen. So gibt es einen stetigen, ununterbrochenen Fortschritt von Leben zu Leben.

Wenn uns dies klar geworden ist, begreifen wir, was unter der »Pilgerfahrt der Seele« zu verstehen ist. Jedes neue Leben sollte der Menschen mit schärferem Verstand, größerer moralischer Kraft und größeren spirituellen Fähigkeiten beenden. Das ist der Plan der Entwicklung. Er wird nur unvollkommen ausgeführt, mit vielen Umwegen, Abweichungen und Irrfahrten, da der Mensch oft Seitenpfade einschlägt, statt der Straße zu folgen, die gerade aufwärts führt. Darum ist die Menschheit so lange auf der Wanderschaft und benötigt so viele Jahrmillionen, um ihre Entwicklung zu

vollenden. Aber sie wird sie vollenden, denn das ist der göttliche Wille, der nicht vereitelt werden kann, wie sehr seine Durchführung auch verzögert werden mag.

Die Entwicklung schritt wie beschrieben in der zweiten Hälfte der dritten Epoche voran. In der vierten Epoche entstand die mächtige Zivilisation von *Atlantis*. Diese Zivilisation leistete Wunderbares. Doch bestand die Schwierigkeit, dass der Mensch noch sehr weit unten auf dem aufsteigenden Bogen stand und noch sehr stark an die Materie gefesselt war. Seine mentalen Fähigkeiten waren vorwiegend psychischer Natur, und es war notwendig, sie für eine Weile zu verschleiern, um intellektuelle Kraft zu entwickeln und dadurch in der Zukunft eine höhere Entfaltung für die Menschheit möglich zu machen. Darum trieb das große kosmische Gesetz, dem nichts widerstehen kann, die Menschheit in eine große, aber sehr materielle Zivilisation. Das Verschwinden der psychischen Kräfte wurde in gewissem Maß durch die herrschenden Klassen auf Atlantis absichtlich beschleunigt. Um

die niederen Klassen besser als Werkzeuge für ihre eigenen Zwecke ausnützen zu können, missbrauchten sie ihr okkultes Wissen, um vorbedacht die psychischen Kräfte dieser Klassen verkümmern zu lassen. So wurden diese psychischen Kräfte noch mehr gelähmt, als das kosmische Gesetz es bewirkt hätte.

Dies zeigt etwas, worüber in Ruhe nachzudenken sich lohnt. Kein Mensch kann dem Druck des kosmischen Gesetzes widerstehen, kein Mensch den mächtigen Gang der göttlichen Entwicklung aufhalten. Aber er kann mit ihr oder gegen sie arbeiten. Er kann zum Guten oder zum Bösen wirken. Er kann aus Pflichtgefühl und Ergebung in den göttlichen Willen mit diesem zusammenarbeiten, oder er kann versuchen, einiger dieser Naturkräfte habhaft zu werden und sie zu seiner eigenen vergänglichen, selbstsüchtigen Befriedigung auszunützen. Wo ein Mensch diese großen Kräfte des Kosmos zu eigennützigen Zwecken missbraucht, schafft er sich selbst schlechtes Karma, ohne dass die Richtung des großen Karmas der Menschheit dadurch berührt

wird. Auf diese Weise kann der Einzelne seine Zukunft verderben. Innerhalb des kleinen Kreises seiner individuellen Entwicklung kann er für sich Leiden schaffen, denn innerhalb des großen Stromes des kosmischen Gesetzes, in dem er sich befindet, kann sowohl glückliches als auch unglückliches Karma erzeugt werden. Der Mensch ist frei, innerhalb des großen Stromes des göttlichen Gesetzes, der ihn vorantreibt, seinen eigenen Weg zu wählen.

Wie erklärt, benützte in dieser vergangenen Zivilisation der Mensch dieses große Gesetz des Kosmos für seine eigenen, selbstsüchtigen Zwecke, und das Endergebnis war die Zerstörung von Atlantis, dessen Zivilisation mit Ausnahme einiger kümmerlicher Überreste, die da und dort auf der Welt zurückblieben, gänzlich vernichtet wurde. Besonders in der Zivilisation von Peru blieben noch einige schwache Spuren ihrer Größe zurück. So schön waren diese selbst noch in ihrem Niedergang, dass die Spanier, als sie Peru eroberten, staunend vor dem glücklichen

Zustand dieses Gemeinwesens standen, vor der Liebenswürdigkeit, Sanftheit und Reinheit der Menschen, die in ihm wohnten, und der Weisheit ihrer Regierung. Das Reich der Inkas in Peru, das unter den Füßen der vordringenden Spanier zertreten wurde, war der letzte Schimmer dieser großen Zivilisation, die auf ihrem Höhepunkt so großartig war, dann einen so tiefen Fall erlebte und schließlich durch die Katastrophe vernichtet wurde, in der die Wogen des atlantischen Ozeans sich über ihre Reiche ergossen.

Ehe wir voranschreiten, müssen wir, um der weiteren Evolution folgen zu können, uns daran erinnern, dass der Logos unseres Systems sich in drei Aspekten offenbart. Darum wird er sowohl in der christlichen als auch in der Hindu-Religion als eine Dreifaltigkeit dargestellt. Diese drei Aspekte sind aber nur die dreifaltige Manifestation der einen ungeoffenbarten Existenz, die wir jedoch nur so weit erkennen können, als sie sich im Weltall offenbart. Diese drei Aspekte sind der Aspekt

der *Macht*, der Aspekt der *Weisheit* und der Aspekt der *Liebe*.

Alle menschlichen Tätigkeiten tragen den Stempel dieses dreifachen Logos, alle können unter die eine oder die andere dieser Bezeichnungen eingereiht werden, und zwar nicht nur die der einzelnen Menschen, sondern auch die der Nationen. Ich benutze diese Einteilung, weil sie bei einem so komplizierten Thema sozusagen eine Anzahl kleiner Fächer bietet, in die wir die verschiedenen Teile unseres Themas hineingeben können, um über sie gesondert nachzudenken. Wir dürfen dabei aber nicht aus den Augen verlieren, dass die drei eins sind und einander durchdringen, dass sie nur Einteilungen phänomenaler Erscheinungen sind und nicht solche des Wesens. Aber da wir uns in der Erscheinungswelt befinden und die Absonderung etwas ist, was der Erscheinungswelt zu eigen ist, können wir sie ruhig benützen, ohne dadurch irregeführt zu werden, wenn wir uns nur der grundlegenden Einheit bewusst bleiben, aus der alles hervorgeht.

Wenn wir nun diese Dreiteilung annehmen und noch etwas weiter unterteilen, werden wir finden, dass unter die Rubrik der *Liebe* jene psychischen Aktivitäten fallen, die einerseits mit Religion und andererseits mit Philanthropie zu tun haben, beide Worte im weitesten Sinn verwandt, wobei Religion bedeutet, jenen zu dienen, die über uns sind, und Philanthropie, jenen zu dienen, die um uns und unter uns sind.

Unter die Rubrik der *Weisheit* fallen alle Tätigkeiten des menschlichen Verstandes, sowohl des höheren als auch des niederen, die wir weiter in Wissenschaft, Philosophie und Kunst einteilen können. Hier haben wir drei große Gebiete verständlicher Tätigkeit. Nicht, dass Wissen selbst schon Weisheit wäre, aber es ist das Material, aus dem durch spirituelle Alchemie Weisheit entwickelt wird.

Unter die Rubrik der *Macht* kommen schließlich alle jene menschlichen Tätigkeiten, welche das Regieren betreffen, die Ausübung administrativer und exekutiver Funktionen oder die Organisation von Nationen und Gemeinden.

Aber auch alle schöpferischen Fähigkeiten fallen unter diese Rubrik, die dem Menschen durch sein Geburtsrecht als Abkömmling des Göttlichen zuteil geworden sind.

Alle Anstrengungen der göttlichen Lehrer in der Vergangenheit und Gegenwart waren darauf ausgerichtet, diese großen Tätigkeitsbereiche der Menschen unter intelligente Aufsicht zu bringen, so dass sie, sei es durch Liebe, durch Weisheit oder durch Macht, in die rechten Bahnen geleitet werden konnten, um die allgemeine Entwicklung zu sichern. Zu diesem Zweck ist jede große Religion gegründet, jedes edle Moralgesetz verkündet, jeder kraftvolle Impuls zu intellektueller Entwicklung gegeben worden. Und zu eben demselben Zweck wird den Menschen in unseren Tagen eine vollere Fassung aller altüberlieferten Wahrheiten unter dem Namen »göttliche Weisheit« gegeben, der uns in seiner dem Griechischen entnommenen Bezeichnung »Theosophie« vertraut ist. Die Theosophie ist nichts anderes als eine neuerliche Wiederverkündung der uralten Weisheit,

ein neuerliches Bemühen der gleichen Lehrer, diese Tätigkeiten des menschlichen Lebens zu leiten.

In der gegenwärtigen Zeit ist dies besonders nötig, denn wenn wir die Welt überblicken, finden wir, dass der Mensch auf jedem dieser Gebiete menschlicher Tätigkeit nahezu an die Grenze seiner Kräfte gelangt ist. Er hat die physische Ebene bezwungen, aber er hat sie sich so unterworfen, dass das Physische viel zu viel von seiner Aufmerksamkeit in Anspruch nimmt und die Wirklichkeit der höheren Ebenen vor seinem Blick verschleiert ist. Im Einzelnen können wir sehen, dass, was die Religion anbelangt, einerseits der Materialismus gegen sie ankämpft und andererseits der Aberglaube sie unterhöhlt. Beide, Skeptizismus und Aberglaube, sind dem menschlichen Fortschritt auf diesem Gebiet besonders verhängnisvoll. Wenden wir uns zur Philanthropie, so finden wir, dass das menschliche Elend viel zu weit verbreitet und zu groß ist, als dass die Menschen es mit Erfolg bekämpfen könnten. Die Philanthropie ist hilf-

los gegen dieses Elend, aus dem Erbitterung, Revolution und Anarchie entstehen, die die Zivilisation bis in ihre Grundfesten bedrohen, und die Menschen wissen nicht, wie sie dieser Gefahr begegnen sollen, denn sie haben den Geist der Liebe verloren.

Nicht anders sieht es auf den drei Feldern der Weisheit aus. Die Wissenschaft scheint am Ende ihrer materiellen Hilfsquellen angelangt zu sein. Sie hat ihre Methoden fast erschöpft und Kräfte subtilerer und geheimnisvollerer Art, als sie anzuerkennen gewöhnt ist, treten gegen ihren Willen immer näher an sie heran. In der Philosophie herrscht ein aussichtsloser Kampf zwischen einem Materialismus, der sich als unzulänglich erwiesen hat, und einem Idealismus, der keine wirklich feste Grundlage zu geben vermag. Auch auf dem Gebiet der Kunst finden wir Dürre und Unfruchtbarkeit. Es werden keine großen neuen Dinge geschaffen. Die Kunst hat ihre schöpferische Kraft verloren und ist geistlos geworden.

Und was sehen wir im Bereich der Macht? Die Nationen machen der Reihe nach Experimente.

Da sie die alten göttlichen Herrscher nicht mehr haben, die fähig waren, die Völker zu führen und auf den Weg zu Gedeihen und Glück zu leiten, versuchen sie, einen vielköpfigen König an deren Stelle zu setzen – genannt das Volk. An die Stelle des göttlichen Königtums mächtiger Eingeweihter haben sie die sogenannte Selbstverwaltung und die Methoden der Demokratie gesetzt – als ob man durch genügend hohes Multiplizieren von Unwissenheit diese in Weisheit verwandeln könnte. Und was die schöpferische Kraft des Menschen anbelangt, so hat die Menschheit sogar jedes Wissen davon verloren.

Was sagt das alles? Dass die Menschheit als Ganzes im Begriff ist, einen weiteren Schritt aufwärts zu machen, dass wir eine jener Übergangsperioden erreicht haben, wo das überlebte Alte neuem Wachstum und neuer Entwicklung Platz machen muss. Inmitten von all dieser Unordnung und diesen Schwierigkeiten, inmitten der Angst und Verwirrung, bilden sich langsam in der Menschheit die Keime ihres nächsten Fort-

schrittes, die diesen drei großen Arten der Tätigkeit ihre alte Kraft in einer neuen Entwicklung wiedergeben, ihnen die alte Bestimmtheit auf neuen Bahnen des Fortschrittes wieder eröffnen werden. Die Entwicklung geht nicht auf frühere Stufen zurück und bringt nicht noch einmal ihre alten Formen hervor, sie geht einen spiralförmigen Weg, der das, was auf der niederen Stufe das Beste war, auf der neu erreichten Höhe reproduziert. Auf einer solchen Spirale bewegt sich die Menschheit heute, um mit neuen Kräften und erweiterten Möglichkeiten das zu vollenden, was wir in der Vergangenheit unter anderen Formen sahen.

Wenn die Menschheit ihren nächsten Schritt aufwärts macht, wird es, nachdem sie den physischen Körper vervollkommnet hat, ihre Aufgabe sein, den zweiten Träger ihres Bewusstseins zu vervollkommnen, in dem sie frei auf der *Astralebene* wirken soll. Im Laufe der Jahrtausende wird die Menschheit dieses zweite Werkzeug des Bewusstseins entfalten – nicht die ganze Menschheit, denn die

Menschen sind nicht gleich, wie die moderne Unwissenheit es vortäuscht – aber die große Masse der Menschen wird diesen Schritt in der Entwicklung tun.

Welchen Unterschied wird dieser Schritt hervorrufen?

Betrachten wir zuerst jenen Teil der menschlichen Tätigkeit, den wir mit *Liebe* bezeichnet haben.

Auf dem Untergebiet der *Religion* wird der geöffnete Blick der Menschheit jenes Daseinsgebiet in seinen Bereich bringen, den wir die Astralebene nennen. In diesem Bereich nehmen viele größere Intelligenzen Gestalt an, um den Menschen zu helfen und sie zu lehren. Die Menschen werden diese Wesen, deren Existenz ihnen durch alle großen Religionen verkündet worden ist, zu sehen beginnen. Auf diese Weise wird die Mehrzahl der Menschen jene Kenntnis aus erster Hand erlangen, die heute so selten ist, und damit jene Gewissheit, die einen Skeptizismus für immer unmöglich macht. Kein Mensch kann ein Skeptiker bleiben, wenn er diese Wesen,

die uns von allen Seiten umgeben, in seinem normalen Tagesbewusstsein wahrnimmt. Die Religion wird dadurch notwendigerweise ihren Charakter ändern, da dann das, was heute nur Seher und Propheten verkünden, allen Menschen bekannt sein wird.

Ebenso wie der Skeptizismus, wird dadurch aber auch der Aberglaube vernichtet werden. Aberglaube lebt nur von menschlicher Unwissenheit. Er lebt und gedeiht und ist für viele Völker ein Fluch, weil einige Menschen, die im Besitz einer Wissenstradition sind, ohne wirkliche Eigenkenntnisse zu haben, diese Wissenstradition zur Versklavung ihrer Mitmenschen ausnützen. In ihrer Unwissenheit lassen sich die Menschen durch sie einschüchtern und beugen sich vor denen, die vorgeben, einen Schlüssel in Händen zu haben, auch wenn dieser das Tor gar nicht mehr öffnet. Aberglaube kann sogar über den Tod hinaus unheilvoll wirken. Wir ahnen nicht, welche Angst viele Seelen durchleiden, wenn sie durch das Tor des Todes in eine ihnen unbekannte Welt gehen, weil ihnen von einer ewi-

gen Hölle gepredigt worden ist, die sie dort erwartet. Solcher Aberglaube wird endgültig unmöglich geworden sein, sobald die Menschen eigenes Wissen aus erster Hand erlangt haben.

Auch auf ihrer *philanthropischen* Seite wird die Liebe viel gewinnen. Es kann von dieser Ebene aus so viel mehr für die Menschheit getan werden als von der physischen. Physische Tätigkeiten haben oft verhältnismäßig wenig Erfolg. Wir sehen, wie Menschen äußerst geschäftig sind, Gesetze schaffen und dies und jenes im Bereich von Staat und Gesellschaft erledigen. Man denkt: Wunderbar, welches große Werk sie vollbracht, was für wunderbare Erfolge sie errungen haben. Aber wie klein und nichtig sind diese im Vergleich zu den Erfolgen, die von unsichtbarer, in Stille und Schweigen verrichteter Arbeit kommen, die ohne physisches Tun und ohne Worte allein durch die Kraft des Verstandes entstehen, die in jenem feineren Medium wirken, in dem mehr die Psyche der Menschen beeinflusst wird als ihr äußerer Körper. Sobald sich die Menschheit zu dieser höheren Ebene

erhebt, wird sich dieser Einfluss weit stärker verbreiten als heute, und dem Elend und dem Verbrechen wird durch eine unmittelbare Einwirkung auf das Gemüt des Menschen entgegengewirkt werden, das dadurch gereinigt und über jene Möglichkeiten emporgehoben werden wird, die es heute herabziehen.

Ist sich jeder darüber klar, dass er durch jeden unreinen, rachsüchtigen oder zornigen Gedanken, den er hegt, eine lebendige Kraft, eine aktive Wesenheit in die Welt hinaussendet, die auf die Menschen einwirkt und von den Schwächsten, den am wenigsten Entwickelten und deshalb dafür Empfänglichsten aufgenommen wird, so dass aus eben diesen Gedanken sogenannter ehrenhafter und geachteter Menschen die Saatkörner des Verbrechens unter die niedrigeren Massen der Menschen gestreut werden? Die Sünden von diesen, die sich in ihren Taten zeigen, sind zum großen Teil das Karma jener, deren Gedanken sie verursacht haben. Das ist nicht so allgemein bekannt, wie es sein sollte, und wird nicht so geglaubt, wie es nötig wäre.

Jeder Mensch, der Rachegedanken hegt, sendet eine zerstörende Kraft in die Astralwelt aus. Wenn diese nun auf irgendein schwaches Geschöpf mit einem schlechten Karma trifft, das in ungünstigen Verhältnissen lebt, mit unbeherrschten Trieben und Leidenschaften, die stärker sind als sein Verstand, dann stürzen sich diese zornigen Gedanken angesehener, ehrbarer Leute auf diesen schwachen Menschen und treiben ihn, wenn er durch irgendein Unrecht gereizt und in Wut versetzt ist, dazu an, einen Schlag oder Stich zu tun, den wir Mord nennen. Aber wenn der Täter auch physisch das Messer in seiner Hand hält, so wird doch die Tat hauptsächlich von den Gedanken der vielen Menschen getan, deren rachsüchtige Gefühle die Ursache für den Mord bilden, auch wenn sie nicht äußerlich sichtbar werden.

Wenn all dies erschaut und erkannt ist, wird sich eine neue Kraft offenbaren, um der Menschheit zu helfen und sie anzuheben. Die Menschen werden erkennen, dass sie für die Gedanken verantwortlich sind, die sie erzeu-

gen, und sie werden liebende und hilfreiche Einflüsse aussenden, anstatt erniedrigende, wie dies heute so oft geschieht.

In noch einer anderen Hinsicht wird in der Zeit, die wir jetzt betrachten, rascherer Fortschritt gemacht werden. Bei der Erziehung von Kindern hat, so glaube ich, noch niemand bedacht, wie groß die Möglichkeiten sind, die in ihnen ruhen, wenn nur ihre Lehrer genug Wissen hätten, um das Gute in ihnen unmittelbar zu fördern und das Böse einzudämmen und verkümmern zu lassen. Wir wissen, dass jeden Menschen eine Aura umgibt, die dem geschulten Auge, zum Beispiel dem eines Yogi, sichtbar ist. Sie zeigt den Grad der intellektuellen Entwicklung und das Wesen des Charakters an und gibt bestimmte Auskunft über die Stufe des Fortschrittes der Seele, die diesen Körper bewohnt, sowie über ihre charakteristischen Eigenschaften. Einen jeden von uns umgibt dieser sichtbare Zeuge seines inneren Zustandes.

Wenn nun ein kleines Kind auf die Welt kommt und die ersten Stufen seines Wachs-

tums durchschreitet, hat seine Aura folgende Eigentümlichkeit: Das Kind bringt die karmischen Ergebnisse seiner Vergangenheit mit sich, aber eine große Zahl der mentalen und moralischen Tendenzen, die es von der Vergangenheit in die Gegenwart herüberbringt, ist nur im Keim vorhanden und nicht entfaltet. Betrachtet man die Aura eines kleinen Kindes, so ist sie verhältnismäßig rein. Ihre Farben sind klar und durchsichtig und nicht dicht und trübe, wie bei erwachsenen Menschen. Innerhalb dieser Aura befinden sich die Keime der Tendenzen, die entwickelt werden können: Manche davon sind gut, manche schlecht. Ein Mensch mit geschultem Auge, der diese Merkmale wahrnehmen kann, könnte die guten fördern und die schlechten verkümmern lassen, indem er geeignete Einflüsse auf das Kind einwirken lässt. Wenn man aus einem Samen eine gesunde Pflanze ziehen will, dann muss man ihn in gute Erde setzen, ihn genügend begießen und ihn von der Sonne bescheinen lassen. Alle wesentlichen Eigenschaften der Pflanze sind im

Samen enthalten, aber die ganze Pflanze ist noch nicht gestaltet. Es wird von der Erde, die man ihr gibt, und der Pflege, die man ihr angedeihen lässt, sowie von der Art und Weise, wie Luft und Sonne auf sie einwirken, abhängen, ob sich die Pflanze größer oder kleiner entwickelt. Man kann die Pflanze zu großer Schönheit heranwachsen lassen oder ihr Wachstum hindern und sie verkümmern lassen.

So verhält es sich zu einem großen Teil auch bei einem kleinen Kind. Das Kind wird geboren und trägt, sagen wir, einen Keim des Jähzorns, eines heißen und leidenschaftlichen Temperamentes in sich. Wenn die Menschen in seiner Umgebung Erkenntnis und Weisheit besitzen, werden sie wissen, wie es zu behandeln ist. Nie sollte es ein zorniges Wort hören, nie eine leidenschaftliche Handlung sehen. Jeder in seiner Umgebung sollte freundlich, liebevoll und selbstbeherrscht sein. Dem im Kind schlummernden Keim sollte niemals die stimulierende Kraft des Zornes älterer Menschen zugeführt werden, die den Keim zum Wachsen

und Reifen bringen würde, vielmehr sollten nur Einflüsse das Kind umgeben, die das Gute, Edle und Reine in ihm fördern. Geschähe das bei jedem Kind, dann würde die Menschheit mit Riesenschritten voranschreiten.

Die Notwendigkeit einer solchen Erziehung ist die Erklärung dafür, dass in Indien in den alten Tagen jeder Knabe zu einem Guru geschickt wurde. Der Guru war in diesen früheren Zeiten ein Mann, der Wissen besaß und sehen konnte, und das Kind wurde seinen Händen übergeben, weil unter seiner Leitung das Böse zum Verkümmern gebracht und das Gute entfaltet wurde. Als die wahren Gurus allmählich verschwanden, verlor die Menschheit diesen großen Vorteil. Er wird aber wiedererlangt werden, sobald eine höhere Stufe der Entwicklung diese edlere Erziehung erneut möglich macht.

Im ganzen Bereich der Wissenschaft werden sich die Methoden ändern. Der Arzt wird nicht mehr nach äußeren Symptomen Schlüsse ziehen müssen, sondern wird die Diagnose gemäß seiner Ein-sicht stellen, da

ihm die Dichtigkeit des physischen Körpers nicht mehr den Einblick verwehrt. Und nicht nur die Diagnose wird der hellsehende Arzt mit Sicherheit stellen können, er wird auch die Wirkung jedes Heilmittels durch seine Schau verfolgen können.

Nicht anders wird es in der *Psychologie* sein. Schon vom Standpunkt dieser niederen Welt aus betrachtet, ist es leicht einzusehen, was es für die Menschheit bedeuten wird, wenn die Menschen sich durch Gedanken miteinander in Verbindung setzen können, anstatt sich so schwerfälliger Mechanismen wie der Schrift oder des Druckes bedienen zu müssen. Es bedeutet, dass Trennung ein Ding der Vergangenheit sein wird; denn wenn der Mensch diesen Bereich der Natur erobert hat, wird jeder sich dem anderen unmittelbar mitteilen können, wo immer er auch weilen mag. Wenn der Mensch seine astrale Hülle vervollkommnet hat, ist er stets in Reichweite derer, die er liebt, und selbst der Tod hat seine Macht der Trennung verloren. Tod und Trennung sind die beiden Kümmernisse, welche die heu-

tige Menschheit bedrücken. Beiden wird der Stachel genommen sein, wenn die Menschheit diesen großen Schritt vorwärts getan haben wird.

Auch die *Philosophie* wird sich verändern dank der durchdringenderen Kenntnis der Möglichkeiten der Materie und des schärferen Einblickes in die Wirklichkeit des Lebens.

Die *Geschichte* der Menschheit aber wird dann der Akasha-Chronik entnommen werden. Sie wird nicht mehr nach den Wünschen einer politischen Partei geschrieben werden oder um irgendeine wissenschaftliche Theorie oder Hypothese zu unterstützen. In den Aufzeichnungen der Akasha-Chronik ist alle Geschichte unvergänglich und unzerstörbar festgehalten. Keine Tat der Menschheit gibt es, die nicht dort verzeichnet wäre und dem Auge offenstünde, das sehen kann. Wenn die Menschen diese Schau erlangt haben, werden sie die Erfahrungen der Vergangenheit dazu benützen können, das Wachstum der Menschheit zu beschleunigen.

Was die *Kunst* sein wird, wenn diese neuen

Kräfte in den Bereich des Menschen gelangen, können vielleicht nur diejenigen ermessen, die sie bis zu einem gewissen Grad schon heute nützen. Neue Formen werden möglich sein, sowie Farben, die sich niemand vorstellen oder beschreiben kann, da es sie nur in der feineren Materie der Astralwelt gibt. All dies und alle wunderbaren Möglichkeiten der feineren Sinne werden der Kunst erreichbar sein.

Und wie wird es mit dem Willen und mit der *Macht* stehen? Das göttliche Königtum wird dann auf die Erde zurückkehren, und die Menschen werden ihren Platz in der Gesellschaft der Stufe ihrer Entwicklung gemäß erhalten, die sie erreicht haben, und nicht wie heute durch bloßen Zufall. Alle Menschen werden sehen können, was sie selbst und andere sind, denn die der Aura eingeprägten intellektuellen Fähigkeiten und moralischen Eigenschaften werden allen sichtbar sein. Junge Menschen werden dann für die Arbeit geschult werden, für die sie sich auf Grund ihrer Fähigkeiten eignen. Es wird kei-

ne Unzufriedenheit geben wie heute, denn diese entsteht nur dadurch, dass Fähigkeiten brach liegen, oder aus einem Gefühl der Ungerechtigkeit, wenn ein Mensch fühlt, dass er Fähigkeiten besitzt, die zu entfalten und anzuwenden ihm keine Gelegenheit geboten wird.

Wir werden dann auch besser verstehen, die verschiedenen Typen der Menschen richtiger zu behandeln. Rechtsbrecher werden wir nicht bestrafen, sondern sie heilen und erziehen. Wir werden dann fähig sein, den Punkt zu erkennen, an dem die Hilfe ansetzen muss, und statt eines strafenden Zorns wird bessernde Weisheit walten.

Aber nicht nur die menschliche Gesellschaft wird sich verändern, auch die ganze äußere Welt wird ein anderes Aussehen bekommen. Die gestaltende Kraft des Menschen wird sich auch auf die *Tierwelt* erstrecken, und er wird nicht mehr ihr Tyrann und Unterdrücker sein, sondern ihr Helfer, Erzieher und Lehrer; denn dies ist seine Bestimmung im Verhältnis zu den Tieren.

Selbstverständlich werden alle Arten von

Grausamkeit allmählich verschwinden. Das Blut der Tiere wird nicht mehr die Erde beflecken wie heute, und die Tiere werden nicht mehr in Angst und Entsetzen vor dem Menschen fliehen, da sie ihn nicht mehr als Feind betrachten werden, sondern als Freund. Wir gehen einem Goldenen Zeitalter entgegen, in dem alle lebenden Wesen lieben werden, statt zu hassen.

Was ich jetzt gesagt habe, mag wie ein Märchen klingen, aber es ist nur die nächste Stufe im Wachstum des Menschen. Es ist nur das Ergebnis einer Eroberung der Astralwelt, die der physischen aunmittelbar benachbart ist.

Was aber wird erst sein, wenn der Mensch sich noch höher erhebt und mit wachem Bewusstsein die Ebene von Manas, die *Mentalebene*, beherrscht? Ich kann nur ein oder zwei Punkte herausgreifen, um zu zeigen, wie das sich erweiternde Bewusstsein triumphieren wird.

Wenn in jenen fernen Tagen ein Redner hier wäre und eine Zuhörerschaft, wie an-

ders würde seine Rede und wie anders seine Wirkung auf die Menschen sein! Statt Worte zu hören, Laute, die das Ohr erreichen und nur unvollkommen und unzulänglich einen Teil der Gedanken wiedergeben, würden sie die Gedanken des Redners sehen, wie sie wirklich sind. Die Gedanken des Redners würden in strahlenden Farben, Klängen und Formen vor ihnen erscheinen. Sie könnten dargebracht werden, als wären sie Musik, und würden den ganzen Saal mit ihren Harmonien erfüllen.

Glauben Sie, ich träume? Ich kann Ihnen sagen, dass es auch heute schon Menschen gibt, die sich auf diese Ebene des Bewusstseins erheben können, die hinter den Schleier gelangt sind, der die größeren Möglichkeiten des Lebens vor dem Blick der Mehrzahl der Menschen verschließt. Wenn ein Mensch auf der Spitze eines Turmes steht, dann kann er das ganze Land umher überblicken, und von allen Seiten gelangen Farben, Töne und Formen zu ihm. Steigt er aber die Treppe im Turm hinab, dann kann er nur so viel sehen, als ihm die Fenster in der Mauer zu sehen er-

lauben. So ist es auch mit einem Menschen, der auf der Mentalebene lebt. Das Wissen fließt ihm von allen Seiten zu – nicht durch die Sinne, die wir kennen, sondern durch einen einzigen Sinn, der auf alle Schwingungen reagiert, die von außen kommen. Steigt ein solcher Mensch mit seinem Bewusstsein in seine niederen Körper herab, dann ist es gerade so, als ob er in einen Turm hinabstiege. Er kann nur mehr das sehen, was ihn seine Augen und Ohren und seine anderen Sinne zu erkennen erlauben, denn diese Sinne sind die einzigen Fenster in der Mauer des Körpers, die uns einschließt. Nur wenn wir uns über den Körper erheben, werden wir fähig, die Welt, die uns umgibt, in ihrer Pracht, ihrer Schönheit und ihren Wundern wirklich zu sehen.

Das ganze Leben wird dann viel machtvoller; denn diese Ebene ist es, aus der die höchsten intellektuellen Gedanken durch die Astralebene hindurch zu uns gelangen, aus der die Menschheit die stärksten mentalen Hilfen von jenen erhält, die fähig sind, dort zu wirken. Die Schüler der Meister und alle jene,

die durch die großen Tore der Einweihung geschritten sind, von denen wir sprachen, leben und wirken in dieser Region, um den Menschen zu helfen. Sie mögen gleichzeitig auch in der physischen Welt tätig sein, aber weit wirksamer ist die Arbeit, die sie in jenem Bereich ausführen.

Wie zahlreich werden die Arbeiter sein, wenn einmal die Mehrzahl der Menschen sich in diese Region erhebt! Heute wirken nur wenige hundert dort, um den Millionen der Menschheit zu helfen. Wie schnell wird der Fortschritt der Menschheit sein, wenn sich einmal ihre Masse zu dieser Ebene erhoben hat! Es ist unmöglich, uns eine Vorstellung davon zu geben.

Höher und höher führt der Weg des Menschen in noch andere Regionen, die er erobern wird. Die Sphäre, in der alles eins ist, in welcher der Mensch sich mit jedem geoffenbarten Wesen eins fühlt, die *Turiya* genannt wird und in die der Mensch heute in seinem Wachbewusstsein erst auf der höchsten Stufe der Jüngerschaft einzutreten vermag – sie

wird von der ganzen Menschheit beherrscht werden, ehe noch dieses Weltzeitalter zu Ende geht. In ihrer letzten Epoche wird die Menschheit sich zu ihr erheben. In diesem erweiterten Bewusstsein gibt es keine Trennung mehr. Jeder erkennt sich als eins mit den anderen, fühlt und denkt, wie sie denken, und weiß, wie sie wissen – es ist ein Bewusstsein, das sich über Myriaden erstreckt und sie umfasst. Die Bruderschaft der Menschheit wird dann zu einer vollendeten Tatsache. Es wird das Wesen der Dinge erschaut und nicht nur ihre Erscheinung. Das eine Selbst wird erkannt, das in allen lebt, und jeglicher Hass ist für immer unmöglich.

Darüber hinaus gibt es noch eine weitere Stufe, von der ich kein Bild zu geben vermag. Es ist jene Stufe, von der die Weisen als Nirvana sprachen. Sie haben versucht, es zu erklären, doch es ist ihnen nicht gelungen, weil die menschliche Sprache für diese Aufgabe ungeeignet ist. Aus ihrem Bemühen, ihr eigenes Wissen weiterzugeben, sind nur Missverständnisse entstanden. Es ist ein Be-

wusstsein, so groß, dass es unvorstellbar ist, ein Bewusstsein, welches das ganze Weltall umspannt und darum dem begrenzten Fassungsvermögen wie Nichtbewusstsein erscheinen muss. Aber ich sage Ihnen, dass das Leben der Mächtigen, die Nirvana erreicht haben, ein Bewusstsein ist, neben dem das unsere mit den Beschränkungen, die es einengen, sich wie das Bewusstsein eines Steines ausnimmt. Es ist das Leben einer Sphäre, in welcher der Logos das geoffenbarte Licht ist, dessen Strahlen durch alle Bereiche der Welt fluten.

Auch das ist das Ziel des Menschen an diesem Schöpfungstag, in diesem Schöpfungszyklus. Auch das wird er erfahren, wenn diese Menschheit ihre Evolution vollendet hat. Die Vordersten unserer Menschheit, die dies heute schon kennen, werden sich dann von Myriaden anderer umgeben finden, die auch dazu erwacht sind. Dann wird auf unermessliche Zeiten das Leben aller die vollkommene Spiegelung des Logos sein; denn sie sind zu seinem Bild und Gleichnis geworden. Und wenn die Zeit kommt, dass ein neues Weltall

geboren werden soll, dann werden sie ihrerseits ein Logos sein, der dieses neue Weltall
baut und eine neue Menschheit heranzieht.
Das ist die Zukunft, die uns erwartet, das ist
die Herrlichkeit, die offenbar werden soll!

Ein praktischer Ratgeber für die Meisterung des Alltags aus esoterischer Sicht. Die großen Gesetze der menschlichen Entwicklung werden ebenso erklärt wie die Geheimnisse von Sympathie und Antipathie oder das wunderbare Wirken der Meister der Weisheit.

Annie Besant
Das Gewebe des Schicksals
Hardcover
ISBN 978-3-89427-650-8

Der spirituelle Weg wird eines Tages den ernsthaft suchenden Menschen an das „Tor der Einweihung" bringen. Dort erwarten ihn die „Hüter der Menschheit", um ihm jenes Wissen zu offenbaren, das ihn zu einem bewussten Mitarbeiter am Göttlichen Plan des Lebens machen wird.

Annie Besant
Initation
Hardcover
ISBN 978-3-89427-649-2

Perlen der Weisheit

Ein inspirierender Kommentar zu einem der größten spirituellen Meisterwerke der Menschheitsgeschichte. Die einfühlsamen und tiefsinnigen Erklärungen erschließen neue Wege zum Verständnis der Weisheit von Laotse.

Franz Hartmann
TAO – Die Weisheit des Laotse
Das Tao-te-King
Hardcover
ISBN 978-3-89427-652-2

Der königliche Yoga-Weg aus der Sicht der großen spirituellen Lehrerin. Die Weisheit des Ostens meisterhaft erklärt für den suchenden Menschen des Abendlandes!

Annie Besant
Raja-Yoga
Hardcover
ISBN 978-3-89427-648-5

Perlen der Weisheit

Annie Besant beschreibt in ihrer kraftvollen und bildreichen Sprache die Stationen des inneren Weges, welchen die geistig strebende Seele durchlaufen muss, ehe sie am Portal zum „Tempel der Weisheit" anklopfen darf.

Annie Besant
Der Pfad zum Tempel der Weisheit
Hardcover
ISBN 978-3-89427-238-8

Viele Jahre lang sammelte H.P. Blavatsky die großen Weisheitsworte des Ostens. Erstmals sind sie in diesem Band vereint und dienen als Inspiration für den Weg durch das Jahr.

Helena P. Blavatsky
Edelsteine des Orients
Hardcover
ISBN 978-3-89427-651-5

Perlen der Weisheit